westermann

Jana Friedmann, Marcus Menzemer

Wirtschaft und wir

Arbeitsheft – Kompetenzbereiche III & IV

4. Auflage

Bestellnummer 08202

Zusatzmaterialien zu „Wirtschaft und wir. Arbeitsheft – Kompetenzbereiche III & IV"

Für Lehrerinnen und Lehrer

Lösungen zum Arbeitsheft: 978-3-427-08234-7
Lösungen zum Arbeitsheft Download: 978-3-427-08218-7

Die Seiten dieses Arbeitshefts bestehen zu 100 % aus Altpapier.

Damit tragen wir dazu bei, dass Wald geschützt wird, Ressourcen geschont werden und der Einsatz von Chemikalien reduziert wird. Die Produktion eines Klassensatzes unserer Arbeitshefte aus reinem Altpapier spart durchschnittlich 12 Kilogramm Holz und 178 Liter Wasser, sie vermeidet 7 Kilogramm Abfall und reduziert den Ausstoß von Kohlendioxid im Vergleich zu einem Klassensatz aus Frischfaserpapier. Unser Recyclingpapier ist nach den Richtlinien des Blauen Engels zertifiziert.

Druck und Bindung: Westermann Druck GmbH, Georg-Westermann-Allee 66, 38104 Braunschweig

ISBN 978-3-427-**08202**-6

Vorwort

Liebe Schülerinnen und Schüler,
sehr geehrte Kolleginnen und Kollegen,

mit dem vorliegenden Arbeitsheft lassen sich die Lerninhalte des Schulbuchs „Wirtschaft und wir“ im „Kompetenzbereich III – Wir in der sozialen Marktwirtschaft“ und dem „Kompetenzbereich IV – Wir auf dem Weg in die berufliche Selbstständigkeit“ handlungsorientiert erarbeiten.
Es ist abgestimmt auf dessen 18. Auflage und nun komplett in neun Lernsituationen eingeteilt, die der Lebenswirklichkeit und den dabei aufkommenden Fragestellungen des Berufslebens entsprechen. Diese decken den kompletten Inhalt der Kompetenzbereiche III und IV ab. Da die zugehörigen Fachinformationen im Schulbuch immer auf den Seiten im Arbeitsheft angegeben werden, können diese Fragestellungen ohne vorherigen Input selbstorganisiert erarbeitet werden. Natürlich sind sie auch als Übungsaufgaben oder Lernzielkontrollen einsetzbar.

Die Lernsituationen sind für individualisierte Selbstlernphasen formuliert. Sie können aber problemlos je nach Einsatz im Unterricht auf die gewünschten, neben der Fachkompetenz zu fördernden Kompetenzen angepasst werden. Einerseits ermöglicht das Arbeitsheft den Erwerb wirtschaftlichen Grundwissens anhand von Basisaufgaben. Andererseits bieten weiterführende Aufgaben ein Training der Handlungskompetenz. Ergänzt werden die Lernsituationen durch handlungskompetenzorientierte Prüfungsaufgaben.

Für jedes der drei Ausbildungsjahre liegt ein separates Arbeitsheft vor. Die Lernsituation und das zu bearbeitende Thema werden in der Kopfzeile genannt. Zusätzlich werden wiederkehrende Elemente mit Icons gekennzeichnet, die hier nachfolgend aufgeführt sind.

Wir wünschen viel Freude und viele neue Erkenntnisse.

Jana Friedmann | Marcus Menzemer

Symbole

Basisaufgaben	Gesetzestext
weiterführende Aufgaben	Fremdtext
Verweis im Arbeitsheft auf Seiten im Fachbuch	Schreibbild

Inhaltsverzeichnis KB III – Wir in der sozialen Marktwirtschaft

Lernsituation 1 – Marktarten und Marktformen systematisieren 7

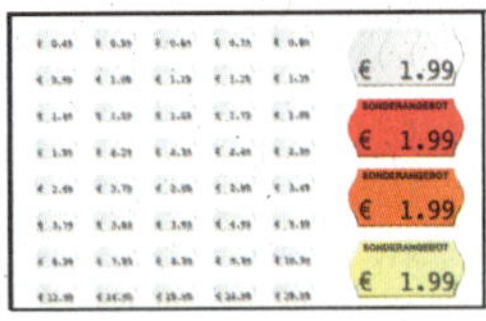

Lernsituation 2 – Preisbildung am Markt verstehen 9

Lernsituation 3 – Die soziale Marktwirtschaft als Wirtschaftssystem erfassen 15

Lernsituation 4 – Einflussmöglichkeiten des Staates in der sozialen Marktwirtschaft darstellen 18

KB IV – Wir auf dem Weg in die berufliche Selbstständigkeit

Lernsituation 9 - Einen Kapitalbedarfsplan aufstellen 41

Prüfungsaufgaben 48

Lernsituation 1: Nachdem Sie sich mit Ihrer Rolle und Ihren Möglichkeiten als Konsument/-in im Alltag intensiv auseinandergesetzt haben, lernen Sie nun verschiedene Marktarten und Marktformen näher kennen. Dabei ist es wichtig, neben der sachlichen und räumlichen Gliederung der Märkte verschiedene Marktformen zu unterscheiden und deren Auswirkungen auf Verbraucherinnen und Verbraucher zu verstehen. Verschaffen Sie sich mithilfe des Schulbuchs einen entsprechenden Überblick über diese Grundlagen des Marktes. Wenn Angebot und Nachfrage nach einem Gut zusammentreffen, bildet sich ein Markt. Das Verhalten der Marktteilnehmenden hängt wesentlich davon ab, wie sich Angebot und Nachfrage für ein Gut ergeben.

1. *Um welche Marktarten handelt es sich bei folgenden Beispielen?*

1. Der Auszubildende Caner Burak sucht dringend eine günstige Wohnung in Stuttgart.

   ....

2. Die Meier AG nimmt für den Bau einer neuen Lagerhalle einen Kredit bei ihrer Hausbank auf.

   ....

3. Anna Schmid bewirbt sich bei verschiedenen Unternehmen um einen Ausbildungsplatz.

   ....

4. Jenny Richter lässt sich von ihrem Friseur die Haare färben und schneiden.

   ....

2. *Welche Marktformen lassen sich den folgenden Beschreibungen zuordnen?*

Viele Anbietende und viele Nachfragende	....
Wenige Anbietende und viele Nachfragende	....
Ein einziger Anbietender und viele Nachfragende	....

3. *Stellen Sie den folgenden Zusammenhang durch die Ergänzung folgender Sätze her:*

Anzahl der Anbietenden ↔ Marktmacht ↔ Preise ↔ Wettbewerb

Setzen Sie dabei die Begriffe **geringer bzw. größer** ein.

Je .... die Zahl der Anbietenden, desto .... ist die Marktmacht der einzelnen Anbietenden.

Je .... die Zahl der Anbietenden, desto .... ist die Möglichkeit zur Beeinflussung des Preises auf dem Markt.

Je .... die Zahl der Anbietenden, desto .... ist der auf diesem Markt herrschende Wettbewerb.

Je .... die Intensität des Wettbewerbs, desto .... Marktmacht haben die einzelnen Marktteilnehmenden.

Je .... die Marktmacht, desto .... sind die Möglichkeiten der Preisbeeinflussung.

4. *Ordnen Sie die folgenden Märkte den verschiedenen Marktformen zu.*

Hinweis: Bei bis zu 14 Anbietenden spricht man noch von wenigen Anbietenden.

Märkte	Angebots-monopol	Angebots-oligopol	Angebots-polypol
Fast-Food-Angebote in einer großen Stadt			x
Müllabfuhr			
Mobilfunkanbieter			
Lebensmittelmarkt			
Kinos			
Markt für Getränke			
Staatliche Lotterie			
Neuwagenmarkt			
Städtische Wasserwerke			
Sammler bietet einmaliges Gemälde zum Verkauf an			
Herstellfirma von Lkw-Reifen			
Unterhaltungselektronik			
ebay			

5. *Ordnen Sie die folgenden Aussagen den verschiedenen Marktformen zu.*

Aussage	Angebots-monopol	Angebots-oligopol	Angebots-polypol
Keine der Anbietenden ist groß genug, um den Marktpreis zu beeinflussen.			
Forschungs- und Entwicklungskosten in Millionenhöhe erschweren den Markteintritt für die Konkurrenz.			
Es fehlen oftmals Privathaushalte als Abnehmende oder die Produkte sind zu kostspielig.			
Die Auswahl der Produkte ist kaum überschaubar.			
Es gibt kaum technischen Fortschritt und eine nur geringe Auswahl wegen fehlender Konkurrenz.			
Durch den häufig großen Preisdruck der Konkurrenz kommt es oft zu Qualitätseinbußen.			

Lernsituation 2: Wann ist der richtige Zeitpunkt, zu dem Sie auf dem Markt als Käufer/-in agieren sollten? Welche Kriterien muss bzw. sollten Verkäuferinnen und Verkäufer beachten, damit sich der Verkauf einer Ware lohnt? Was bedeutet es für das Angebot und den Preis einer Ware, wenn viele Kaufinteressenten für eine Ware existieren? Antworten auf diese und weitere Fragen werden Sie in Ihrem Schulbuch finden und dabei zu bewussteren Kauf- bzw. Verkaufsentscheidungen gelangen. Angebot und Nachfrage führen zur Entstehung des Marktpreises. Der Gleichgewichtspreis ist der Preis, zu dem so viel angeboten wie nachgefragt wird. Er liegt im Schnittpunkt der Angebots- und Nachfragekurve.

1. *Welche Marktform ist aus der Sicht der Verbraucherinnen und Verbraucher die günstigste? Begründen Sie.*

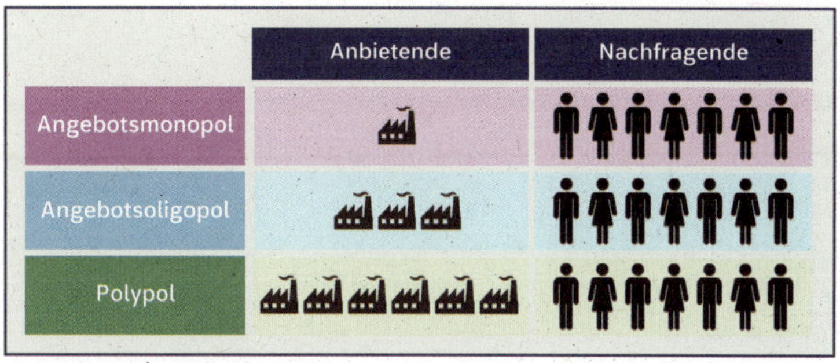

....

....

....

....

....

....

....

....

2. *Wie bildet sich der Marktpreis beim Polypol?*

....

....

....

3. *Beschreiben Sie die in den beiden Grafiken dargestellten Marktsituationen und treffen Sie die Aussage hinsichtlich des Marktpreises.*

....	....
....	....
....	....

An einer Wertpapierbörse werden für eine Aktie nebenstehende Aufträge erteilt:

Kurs in €	Verkaufsaufträge in Stück	Kaufaufträge in Stück
1,00	1400	4200
1,20	2000	3400
1,40	2600	2600
1,50	2900	2200
1,60	3200	1800

1. *Stellen Sie Angebot und Nachfrage in einem Koordinatensystem dar.*
x-Achse: 500 Stück ≙ 1 cm
y-Achse: 0,20 € ≙ 1 cm

2. *Ermitteln Sie das Marktgleichgewicht.*

....

....

....

3. *Wie ist die Marktsituation bei einem Kurs von 1,20 €? Welche Auswirkungen auf den Kurs sind zu erwarten?*

....

....

....

....

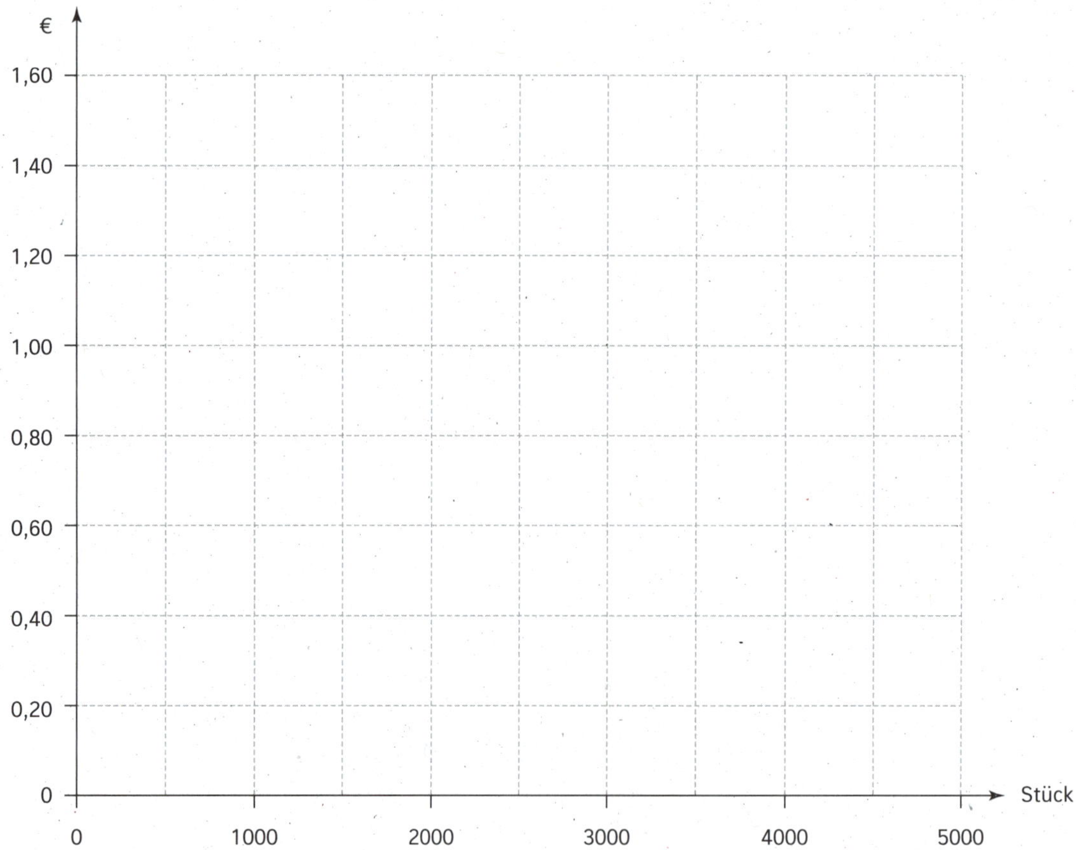

Bei einer Marktform mit vielen Nachfragenden und nur einem Anbietenden spricht man von einem Angebotsmonopol. Der Monopolist kann den Marktpreis und die angebotene Menge frei bestimmen.

1. *Nach welchen Gesichtspunkten wird ein privater Monopolist den Preis festsetzen?*

....

....

....

....

....

2. *Weshalb gibt es in unserer marktwirtschaftlichen Ordnung öffentliche Monopole? Nennen Sie zwei Beispiele.*

....

....

....

....

....

....

....

....

3. *Beantworten Sie folgende Fragen. Tragen Sie die richtigen Antworten in die nebenstehenden Kästchen ein.*

1. Wie wirkt sich das Vorhandensein von privatwirtschaftlichen Angebotsmonopolen auf den Markt aus?

A. Es wird weniger angeboten und die Güter sind teurer. Der Angebotsmonopolist hat eine große Marktmacht und kann willkürlich die Preise festlegen.

B. Es wird mehr angeboten und die Güter sind preisgünstiger. Der Angebotsmonopolist hat eine geringe Marktmacht und muss seine Preise dem Markt anpassen.

C. Das Vorhandensein von Angebotsmonopolen hat keinen Einfluss auf das Marktgeschehen. Angebot und Nachfrage sorgen dafür, dass sich ein Marktgleichgewicht einstellt.

2. Welche Faktoren bedrohen ein bestehendes Angebotsmonopol?

A. Abwandernde Nachfragende und das Verhalten der Konkurrenz können sich negativ auf die Marktsituation des Monopolisten auswirken.

B. Die Entwicklung von Substitutionsgütern (Ersatzgütern) durch andere Anbietende kann dazu führen, dass Monopolinhabende in ihrem Preisverhalten eingeschränkt werden.

C. Der Staat kann durch die Missbrauchsaufsicht des Bundeskartellamts bei überhöhten Preisen dieses Verhalten des Angebotsmonopolisten untersagen.

D. Überhöhte Preise und eine Angebotsverknappung durch Monopolinhabende führen immer zu einer starken Abnahme der Nachfrage.

Oligopolmärkte sind in entwickelten Volkswirtschaften sehr häufig anzutreffen. Der Oligopolist hat bei seiner Preispolitik nicht nur das Verhalten der Nachfragenden, sondern auch mögliche Reaktionen der Konkurrenz zu bedenken.

Preiskampf in der Autoversicherung

Für viele Autofahrerinnen und Autofahrer ist der 30.11. ein wichtiger Termin. Denn das ist der jährliche Kündigungsstichtag für Kfz-Versicherungen. Wer vorab unter den Angeboten nach einem günstigeren Tarif sucht, hat oft Erfolg und wird nach dem Versicherungswechsel belohnt. Denn die Versicherungen liefern sich eine Preisschlacht, von der die Kundinnen und Kunden profitieren.

1. *Erläutern Sie die Aussage des Textes.*

....

....

....

....

....

....

....

....

2. *Im Zusammenhang mit dem Preisverfall ist oft von einem „Preiskampf" die Rede. Was ist damit gemeint?*

....

....

....

....

....

....

....

....

3. *Beurteilen Sie den Preiskampf aus der Sicht der Nachfrager.*

....

....

....

....

....

....

....

....

....

Name: .... Klasse: .... Datum: ....

Beim Angebotsoligopol wird die Preisbildung neben dem Verhalten der Nachfragenden auch von den Reaktionen der Konkurrenz bestimmt.

1. *Lesen Sie folgende Informationstexte und ergänzen Sie dann die Tabelle auf der nächsten Seite.*

Kaum Preisdifferenzen bei Benzin, Diesel und Heizöl

Pünktlich zum langen Wochenende oder zu Ferienbeginn ziehen die Kraftstoffpreise in Deutschland spürbar an. Ein Unternehmen erhöht die Preise und innerhalb kürzester Zeit ziehen alle anderen Anbieter nach. Angebot und Nachfrage, feste Preise an den Rohstoffbörsen sowie eine natürliche Verknappung des Rohöls bestimmen angeblich den Preis. Die Gewinne der Mineralölkonzerne steigen jedoch jährlich in Milliardenhöhe.

Preiskampf bei Lebensmitteldiscountern

Die Preisschlachten bei den Lebensmitteldiscountern gehen immer wieder in eine neue Runde. Die Kundinnen und Kunden können sich zwar zunächst auf Preissenkungen freuen, aber für die Produzenten und Landwirte bedeuten die sinkenden Preise oft Überlebenskampf. Ziel der Discounter ist jedoch, langfristig die Marktanteile zu erhöhen.
Preiskämpfe zwischen verschiedenen Anbietern können aber unter diesen auch zu ruinösem Wettbewerb führen. Wenn beispielsweise ein Unternehmen nur dann überleben kann, wenn es eine bestimmte Größe erreicht, wird es versuchen, Konkurrenten mit Dumping-Preisen aus dem Markt zu drängen. Das gleiche Mittel wird eingesetzt, um die Konkurrenz in die Knie zu zwingen und auf diese Weise Marktanteile zu gewinnen. Wenn andere Marktteilnehmende aus dem Markt ausgeschieden sind, können dann die Preise wieder erhöht werden.

Preisabsprache-Verdacht: Süßwarenhersteller verweisen auf Rohstoffpreise

Führende Süßwarenhersteller in Deutschland stehen immer wieder im Verdacht, die Verbraucherinnen und Verbraucher durch verbotene Preisabsprachen zu schröpfen. Das vorrangige Ziel solcher Preisabsprachen ist es, durch das Ausschalten des Wettbewerbs höhere Gewinne zu erzielen. Doch die Herstellfirmen verweisen auf steigende Rohstoffpreise. Aufgrund konkreter Hinweise, dass die betroffenen Unternehmen mit den Absprachen Preisanhebungen spürbar über dem Kostenanstieg durchsetzen wollten, kam es bei den großen Herstellfirmen in der Vergangenheit schon mehrmals zu Kontrollen des Bundeskartellamtes und zu der Androhung von Bußgeldern.

Qualitätswettbewerb nimmt immer mehr zu

Ob Autoindustrie, Möbelhersteller oder elektronische Geräte, Garantiezeiten werden erhöht und ohne „Qualitätssiegel" verkaufen sich viele Produkte auf dem deutschen Markt immer schlechter.
Neben TÜV, Stiftung Warentest und anderen Verbraucherorganisationen mit staatlichem Auftrag kommen jedes Jahr neue, meist branchenspezifische Gütesiegel auf den Markt. Der Wettbewerb um den Kunden wird immer häufiger nicht mehr über den Preis, sondern über die Qualität und den Service ausgetragen.

Name: .... Klasse: .... Datum: ....

	Qualitätswettbewerb	Preisführerschaft	Preisabsprachen	Preiskampf

Beispiel	Möbelindustrie,			
Vorgehens-weise				
Ziel				
Preisent-wicklung			überhöhte Preise	
Folgen				

Name: .... Klasse: .... Datum: ....

Lernsituation 3: In der folgenden Lernsituation kennzeichnen Sie das Wesen der sozialen Marktwirtschaft und vergleichen diese mit dem System der freien Marktwirtschaft. Sie erschließen sich gesetzliches Grundlagen, welche das System der sozialen Marktwirtschaft, in dem Sie leben, absichern.

Adam Smith (1723–1790) legte durch seine Gedanken die **Grundlage für eine freie Marktwirtschaft.** Er sprach sich gegen alle Bevormundung der wirtschaftlichen Tätigkeiten durch den Staat aus. Dem Staat komme lediglich die Aufgabe zu, die Person und das Eigentum zu schützen und die bestehende Ordnung zu garantieren. Alle **staatlichen Eingriffe werden abgelehnt** („Nachtwächterstaat").

Mark S. (Unternehmer)

Ich bin der Überzeugung, dass eine konsequente Umsetzung der freien Marktwirtschaft eine Riesenchance für Deutschland bieten würde. Gewinnstreben, Bezahlung nach Leistung und Existenzkampf im Leistungswettbewerb sind doch die besten wirtschaftlichen Antriebskräfte.

Zu Zeiten Adam Smiths wurden große Errungenschaften durch das Streben des Einzelnen nach Gewinn hervorgebracht. Mit der Dampfmaschine wurde eine Technologie entwickelt, von der die ganze Menschheit profitiert hat. Ich bin sicher, dass durch die freie Marktwirtschaft im Bereich der Technologie noch größere Fortschritte im Sinne aller erzielt werden könnten.

Ich bin der Meinung, dass es zu viele „schwarze Schafe" gibt, die sich auf die Sozialleistungen unseres Staates verlassen und nicht bereit sind, zu arbeiten. Man muss sich ja nur mal die Talkshows anschauen. Die freie Marktwirtschaft würde solche Leute zur Eigeninitiative zwingen und sie könnten sich nicht mehr auf Kosten der anderen ein schönes Leben machen.

Auch die vielen gesetzlichen Bestimmungen sehe ich kritisch, seien es beispielsweise Regelungen zum Kündigungsschutz oder Mindestlohnbestimmungen. Diese machen es den Unternehmen oft schwer, zu überleben.

Auch der Benzinpreis würde endlich wieder sinken, wenn der Staat nicht mehr wahnsinnig hohe Steuern erheben würde. Von daher kann ich persönlich die freie Marktwirtschaft voll unterstützen.

Und abschließend möchte ich noch die Subventionen durch den Staat infrage stellen. Als Beispiel sei nur der subventionierte Kohlebergbau genannt. Die Kohle aus Deutschland ist nun mal nicht wettbewerbsfähig. Subventionen in nicht mehr wettbewerbsfähige Branchen sind sinnlos. Die Kohle sollte lieber importiert werden. Das wäre viel günstiger. Die eingesparten Subventionen kann der Staat dazu verwenden, seine Schulden zu tilgen. Die Subventionen in den Bergbau sind jährlich so hoch, dass von diesem Geld alle Bergbaubeschäftigten mit einer tollen Rente in den Vorruhestand geschickt werden könnten.

1. *Stimmen Sie den Argumenten von Mark S. zu oder würden Sie diese eher ablehnen?*
2. *Erarbeiten Sie sich zunächst die Argumente von Mark S. für die endgültige Einführung der freien Marktwirtschaft **(Pro)**. Tragen Sie Ihre Ergebnisse in die folgende Tabelle stichwortartig ein.*

3. *Was spricht gegen die freie Marktwirtschaft* ***(Kontra)****? Tragen Sie Ihre Ergebnisse in die folgende Tabelle stichwortartig ein.*

Ungleichheit macht krank

Viele soziale Missstände gehen auf hohe Einkommensunterschiede zurück

Vergleiche zwischen hoch entwickelten Gesellschaften zeigen, dass bei höherer Ungleichheit der Gesundheitsstand schlechter und soziale Probleme wie Gewaltverbrechen häufiger sind. Das liegt daran, dass große Unterschiede zwischen den Einkommen einhergehen mit stärker hierarchischen sozialen Beziehungen und schärferer Statuskonkurrenz. Der dadurch verursachte Stress löst Krankheiten aus.

Quelle: Wilkinson, Richard: Ungleichheit macht krank, veröff. am 27.01.2008 unter: www.welt-sichten.org/artikel/3853 [23.09.2024]

Globale Ressourcennutzung außer Kontrolle

Der Abbau der natürlichen Ressourcen der Erde hat sich in den vergangenen 50 Jahren verdreifacht [...]. Das zeigt ein neuer UN-Report [...]. Laut dem Bericht [werden] pro Person und Tag inzwischen im Schnitt 39 Kilogramm Materialien verbraucht [...]. Das habe dramatische Umweltauswirkungen. [...] Der Bericht belegt, wie ungleich die Ressourcennutzung weltweit verteilt ist. Menschen in Ländern mit niedrigem Einkommen verbrauchen danach im Durchschnitt nur etwa 15 Prozent der Materialien und verursachen nur ein Zehntel der Klimaauswirkungen von Menschen in Ländern mit hohem Einkommen. Der Pro-Kopf-Ressourcenverbrauch [...] in den ärmeren Staaten [ist] [...] seit 1995 fast unverändert geblieben, während er in den Schwellenländern wie China deutlich angestiegen ist. [...]

Quelle: Wille, Joachim: Alarmierender UN-Bericht: Globale Ressourcennutzung außer Kontrolle, veröff. am 04.03.2024 unter: www.fr.de/wirtschaft/ausbeutung-der-umwelt-un-report-warnt-vor-gewaltigem-raubbau-an-ressourcen-92869308.html [23.09.2024].

Freie Marktwirtschaft	
Pro	**Kontra**
	○ Missbrauchsgefahr der Freiheitsrechte

Fazit:

§

In jeder Gesellschaftsordnung greift der Staat ordnend oder gestaltend in das Wirtschaftsgeschehen ein. Er bestimmt durch die Verfassung, durch Gesetze, Rechtsverordnungen und andere Vorschriften den Freiraum für die wirtschaftliche Betätigung seiner Bürger. Das Grundgesetz der Bundesrepublik Deutschland verlangt die Beachtung der Grundrechte, überlässt dem Staat aber weitgehende Möglichkeiten für gesetzgeberische Maßnahmen zu einer aktiven Gestaltung der Wirtschaftsordnung und ihrer Anpassung an die jeweiligen Verhältnisse.

Informieren Sie sich im Grundgesetz der Bundesrepublik Deutschland und geben Sie die Aussagen der im Folgenden angegebenen Artikel mit eigenen Worten wieder.

Artikel 2, Absatz 1:

Freie Entfaltung der Persönlichkeit, soweit nicht die Rechte anderer, die verfassungsmäßige Ordnung oder das Sittengesetz verletzt werden.

Artikel 9, Absätze 1 und 3:

Artikel 12:

Artikel 14, Absätze 1 und 2:

Artikel 14, Absatz 3:

Artikel 15:

Artikel 20, Absatz 1:

Name: Klasse: Datum:

Lernsituation 4: Wie kann der Staat in der sozialen Marktwirtschaft Einfluss auf die Wirtschaft nehmen und mit welchen Problemen sieht er sich dabei konfrontiert? Bearbeiten Sie dazu bitte die folgenden Seiten mithilfe Ihres Schulbuchs. Die marktwirtschaftliche Ordnung beruht auf den Vorstellungen von Adam Smith, nach denen die persönliche Freiheit und der Nutzen des Einzelnen im Vordergrund stehen: Der Staat habe für Recht und Ordnung sowie für den Schutz der Bürgerinnen und Bürger zu sorgen und sich aus dem Wirtschaftsgeschehen herauszuhalten. In der sozialen Marktwirtschaft greift der Staat dagegen immer dann ein, wenn Fehlentwicklungen oder Benachteiligungen drohen, die er mit allgemein gültigen (global wirkenden) Maßnahmen zu verhindern bzw. zu korrigieren versucht.

1. *Zeigen Sie auf, mit welchen Maßnahmen der Staat eingreift, um folgende Nachteile einer freien (liberalistischen) Marktwirtschaft zu bekämpfen.*

Nachteile einer freien (liberalistischen) Marktwirtschaft	Maßnahmen des Staates in der sozialen Marktwirtschaft
Leistungsprinzip/keine Rücksicht auf Leistungsschwache	Absicherung gegen die Risiken des Lebens durch Sozialversicherungen und Sozialhilfe, ...
Abhängigkeit der Arbeitnehmerinnen und Arbeitnehmer vom Kapital	
Gefährdung des Wettbewerbs durch Vertragsfreiheit	
Schwankungen der allgemeinen Wirtschaftstätigkeit (Konjunktur)	
Existenzbedrohung für Regionen und Wirtschaftszweige, die dem Wettbewerb nicht gewachsen sind	

2. *Sind folgende Staatseingriffe mit den Grundsätzen der sozialen Marktwirtschaft vereinbar?*

Staatseingriffe	vereinbar	
	ja	nein
Umweltschutzauflagen für die Automobilindustrie	X	
Staatliche Höchstpreise für Benzin und Heizöl		
Kontrolle der Preisgestaltung der Mineralölgesellschaften		
Erhebung einer Benutzungsgebühr für Autobahnen		
Heizkostenzuschüsse für Sozialhilfeempfängerinnen und -empfänger		
Allgemeiner Preis- und Lohnstopp		

 Name: .... Klasse: .... Datum: ....

1. *Ergänzen Sie den Text mit den folgenden Wörtern an der richtigen Stelle.*
   Wettbewerb – Monopolpreisen – Europäische Zentralbank – aktive
   Rolle – Marktmacht – Gewinne zu erzielen – Tarifautonomie – dezentrale Planung – Staat – Produktionsfaktoren – freie Marktpreisbildung –
   Privateigentum – Absatzerwartungen – Angebot und Nachfrage

Ludwig Erhard

Die soziale Marktwirtschaft wurde 1948 im Nachkriegsdeutschland eingeführt. Sie ist unter anderem dadurch gekennzeichnet, dass die meisten wirtschaftlichen Handlungen nicht aufgrund einer zentralen, sondern durch eine dezentrale Planung erfolgen. Die Unternehmen planen ihre Produktion aufgrund der .... Die einzelnen Haushalte planen den Einsatz ihrer .... (Arbeit, Kapital) und entscheiden über ihre Einkommensverwendung. Ein staatlicher Gesamtplan existiert nicht. Das unternehmerische Handeln wird durch die Chance, ..., bestimmt, aber auch durch das Risiko, Verluste zu erwirtschaften. Der .... gilt als wichtigstes Mittel zur Steuerung der Wirtschaft. Er soll verhindern, dass zu große .... entsteht. Wettbewerb dient Verbraucherinnen und Verbrauchern zum Beispiel auch als Schutz vor überhöhten .... Auch das .... an Produktionsmitteln ist gewährleistet (siehe Art. 14 GG), es ist aber auch Staatseigentum (Kollektiveigentum) möglich. Tarifverträge werden auf freier Basis zwischen Gewerkschaften und Arbeitgeberverbänden abgeschlossen. Die Tarifparteien verfügen über eine ...., d. h., sie können Löhne und Arbeitsbedingungen autonom aushandeln. Die .... ist der wichtigste Mechanismus, der dem Ausgleich von .... dient. Es gibt aber auch eine Reihe von Ausnahmen (z. B. Agrarmarkt). Um die Aufgabe als Hüterin der Währung besser wahrnehmen zu können, ist die .... unabhängig gegenüber den Weisungen der Regierungen der einzelnen europäischen Staaten. In einer sozialen Marktwirtschaft nimmt der .... eine zurückhaltende, aber trotzdem .... im Wirtschaftsgeschehen ein.

Name: .... Klasse: .... Datum: ....

S. 278–289

1. *Lesen Sie sich die folgenden Aussagen/Merkmale zur sozialen Marktwirtschaft durch. Wählen Sie dann fünf Aussagen aus, die Ihnen besonders wichtig erscheinen. Dabei können Sie auch Aussagen ergänzen. Markieren Sie sich diese.*

Nr.	Was kennzeichnet eine soziale Marktwirtschaft? Aussagen/Merkmale	Auswahl
1	Freie Berufswahl	
2	Konsumfreiheit	
3	Keine staatlich festgelegten Preise	
4	Arbeitsplatzsicherheit durch Kündigungsschutz	
5	Krankenversicherungspflicht	
6	Arbeitsfähige Arbeitslose, die staatliche Unterstützung erhalten, müssen jede verfügbare Arbeit annehmen	
7	Staatliche Preiskontrollen	
8	Rechtsanspruch auf einen Ausbildungsplatz für Jugendliche	
9	Schutzgesetze für sozial Schwache und Behinderte	
10	Recht auf Privateigentum	
11	Keine staatlichen Eingriffe in das Wirtschaftsgeschehen	
12	Gleicher Einkommensteuersatz für alle Einkommen	
13	Sozial Schwache können, müssen aber nicht vom Staat unterstützt werden	
14	Staat garantiert nur die innere und äußere Sicherheit	
15	Preise für Grundnahrungsmittel (z. B. Eier, Milch) werden vom Staat subventioniert	
16	Betriebe müssen je nach Beschäftigtenzahl Ausbildungsplätze zur Verfügung stellen	
17	Angehörige müssen an erster Stelle für Bedürftige, Kranke und Behinderte sorgen	
18	Staatlich garantierter Wettbewerb unter den Unternehmen	
19	Arbeitgeber und Gewerkschaften handeln Löhne durch Tarifverhandlungen aus	
20	Anrecht auf ein staatliches Mindesteinkommen	
21	Rechtsanspruch auf eine Wohnung	
22	Staatliche Unterstützung für Betriebe in wirtschaftlicher Not	
23	Anspruch auf Mindestrente	
24	Verpflichtung für alle, einen Beruf zu erlernen	
25	Staatliche Umweltschutzgesetze	
26	Kein staatlicher Zwang, für eigenen Lebensunterhalt zu sorgen	
27	Staat sorgt dafür, dass die Benzinpreise nicht zu stark steigen	
28	Einführung einer Reichensteuer	
29	Staatliche Maßnahmen bei umwelt- und gesundheitsschädlichem Konsum (z. B. Ökosteuer, Tabaksteuer, Dosenpfand)	
30		
31		
32		

2. *Erläutern, begründen und diskutieren Sie mit Ihren Mitschülerinnen und -schülern die von Ihnen jeweils ausgewählten Aussagen. Einigen Sie sich dann auf fünf der wichtigsten Aussagen. Erstellen Sie eine Rangfolge von besonders wichtig (= 1) bis kaum wichtig (= 5).*
Bei welchen Aussagen bestand Übereinstimmung? Bei welchen Aussagen gab es unterschiedliche Meinungen?

 Name: .... Klasse: .... Datum: ....

1. *Beschreiben Sie die Karikatur und erläutern Sie ihre Aussage. Welche Thematik wird angesprochen und welche Probleme ergeben sich daraus für die soziale Sicherung?*

2. *Schauen Sie sich folgende Informationen zum Thema „Staatsverschuldung" an. Welche Auswirkungen hat eine hohe Staatsverschuldung und warum ist ihre Begrenzung so wichtig?*

„Durch die Staatsverschuldung lebt die jetzige Generation auf Kosten zukünftiger Generationen. Die Staatsschulden sind auf die Zukunft verschobene Steuererhöhungen, die dann von den nachfolgenden Generationen zu tragen sind."

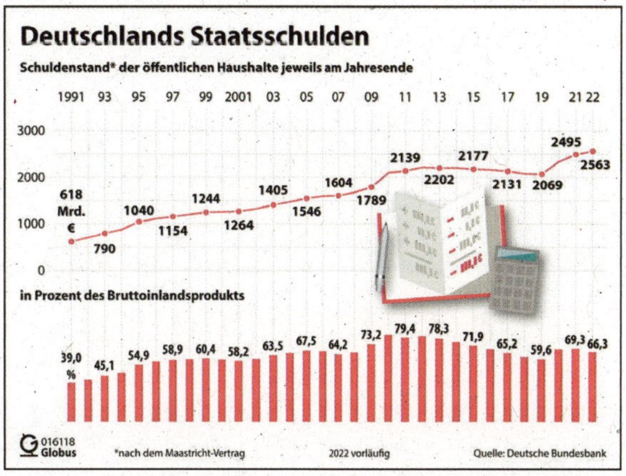

Wirtschaftliche Grenzen

Staatsschulden können theoretisch in unbegrenzter Höhe aufgenommen werden. Allerdings wird die weitere Geldaufnahme für einen bereits hoch verschuldeten Staat äußerst schwierig, da die Finanzmärkte eine Rückzahlung der aufgenommenen Schulden für sehr fragwürdig erachten (Bonität) und dem Staat somit liquide Mittel entweder gar nicht mehr oder nur noch zu sehr hohen Zinsen anbieten werden. Der verschuldete Staat rutscht so in den Teufelskreis einer Haushaltsnotlage aus immer höheren finanziellen Verpflichtungen (Zinsen und Tilgung bereits bestehender Schulden) und einem immer begrenzteren Zugang zum Finanzmarkt. Diese Spirale kann mit dem Verlust der Kreditwürdigkeit oder gar mit der Zahlungsunfähigkeit des Staates (Staatsbankrott) enden.

3. *Durch das Stabilitäts- und Wachstumsgesetz ist der Staat verpflichtet, gleichzeitig vier Ziele der Wirtschaftspolitik anzustreben.*

1. *Nennen Sie die vier Ziele der Wirtschaftspolitik.*

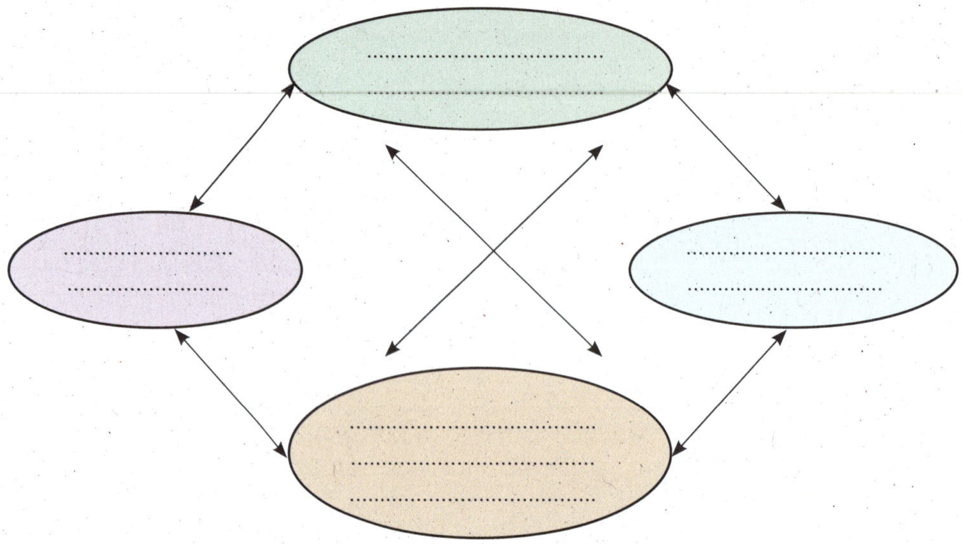

2. *Weshalb spricht man auch von einem magischen Viereck?*

....

4. *Beschreiben Sie einen Zielkonflikt und eine Übereinstimmung (Zielharmonie).*

Zielkonflikt: ....

....

Zielharmonie: ....

....

5. *In einem Industrieland haben sich das reale Bruttoinlandsprodukt und die Anzahl der Beschäftigten wie folgt entwickelt:*

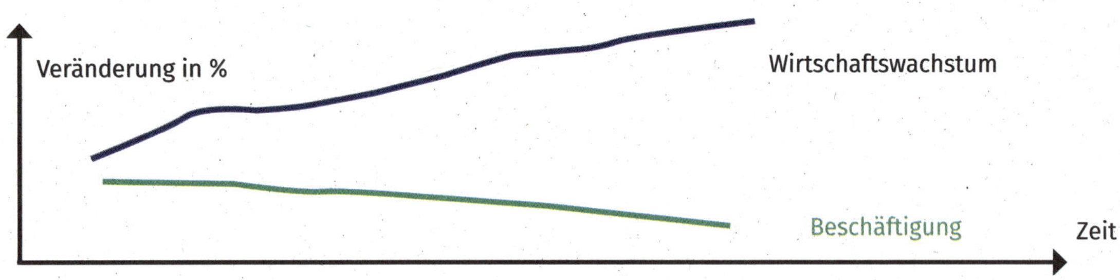

Beschreiben Sie die Entwicklung der beiden Größen. Wie kann der unterschiedliche Verlauf erklärt werden?

....

....

....

Name: .... Klasse: .... Datum: ....

Lernsituation 5: Wird wirklich alles immer teurer? Sie als Verbraucher/-in werden im Alltag immer wieder mit dieser Frage konfrontiert. Sie werden mit folgenden Aufgaben und Ihrem Schulbuch in die Lage versetzt, eine Antwort auf diese Frage zu finden und dabei Zusammenhänge verstehen und analysieren. Dabei lernen Sie die Bedeutung konjunktureller Schwankungen und deren Auswirkungen auf Sie als Arbeitnehmer/-in und Verbraucher/-in kennen. Aber auch die Perspektive von Unternehmerinnen und Unternehmern und die des Staates gilt es einzunehmen. Ein Geldschein an sich hat keinen bedeutenden Wert. Der Wert des Geldes liegt in seiner Kaufkraft. Wie viel man für sein Geld bekommt, ist von den Preisen abhängig.

1. *Wie entwickelt sich die Kaufkraft des Geldes in Abhängigkeit von den Preisen? Ergänzen Sie die beiden Schaubilder.*

1. Wenn das Preisniveau .... **dann** .... die Kaufkraft

Konsequenzen für Verbraucherinnen und Verbraucher

....

....

....

2. Wenn das Preisniveau .... **dann** ....

Konsequenzen für Verbraucherinnen und Verbraucher

....

....

....

2. *Im Schaubild ist die Entwicklung der Verbraucherpreise in Deutschland bis 2022 angegeben. Recherchieren Sie die aktuellen Verbraucherpreise nach Gütergruppen für das vergangene Jahr im Internet. Interpretieren Sie die Ergebnisse.*

....

....

....

....

....

....

....

....

....

....

....

....

....

3. *Um den Verbraucherpreisindex zu berechnen, benötigt man als Grundlage ein Basisjahr und einen Warenkorb. Erklären Sie, was man jeweils darunter versteht.*

Basisjahr: ....

....

....

....

....

....

....

Warenkorb: ....

....

....

....

....

....

Unter Inflation versteht man den Kaufkraftverlust des Geldes durch steigende Preise. Sie kann unter anderem dadurch entstehen, dass die Nachfrage nach Gütern größer ist als das Angebot. Als Folge davon werden die Güter teurer. Mit anderen Worten: Die Preise steigen und gleichzeitig sinkt der Wert des Geldes.

4. *Eine Inflation ist ein dynamischer Prozess. Ergänzen Sie das Schaubild einer Lohn-Preis-Spirale.*

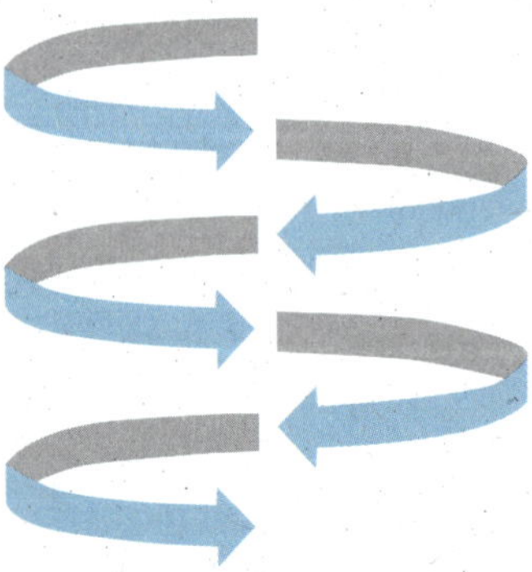

Steigende Preise führen zu Lohnerhöhungen.

....

....

....

....

5. *Welche Auswirkungen hat eine Inflation für Immobilienbesitzer und Rentnerinnen und Rentner? Ergänzen Sie.*

Bevölkerungsgruppe	Immobilienbesitzer/-innen	Rentner/-innen
Auswirkung der Inflation	....	....

Die gesamtwirtschaftliche Entwicklung ist weltweit durch wellenförmige Auf- und Abwärtsbewegungen von unterschiedlicher Dauer gekennzeichnet. Als Konjunktur bezeichnet man die Gesamtsituation einer Volkswirtschaft. Sie leitet sich aus der gleichzeitigen Betrachtung verschiedener volkswirtschaftlicher Größen ab.

1. *Ergänzen Sie folgenden Text.*

Der wichtigste Indikator für die Konjunktur ist das ....
Es dient als Messgröße für die gesamtwirtschaftlichen Aktivitäten einer Volkswirtschaft.
Das BIP ist ....

....

....

....

....

....

....

....

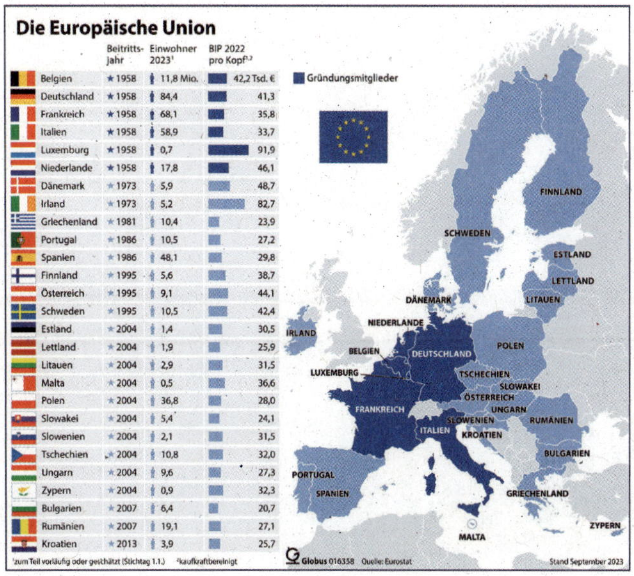

Die Europäische Union

	Beitritts-jahr	Einwohner 2023[1]	BIP 2022 pro Kopf[1,2]
Belgien	★1958	11,8 Mio.	42,2 Tsd. €
Deutschland	★1958	84,4	41,3
Frankreich	★1958	68,1	35,8
Italien	★1958	58,9	33,7
Luxemburg	★1958	0,7	91,9
Niederlande	★1958	17,8	46,1
Dänemark	★1973	5,9	48,7
Irland	★1973	5,2	82,7
Griechenland	★1981	10,4	23,9
Portugal	★1986	10,5	27,2
Spanien	★1986	48,1	29,8
Finnland	★1995	5,6	38,7
Österreich	★1995	9,1	44,1
Schweden	★1995	10,5	42,4
Estland	★2004	1,4	30,5
Lettland	★2004	1,9	25,9
Litauen	★2004	2,9	31,5
Malta	★2004	0,5	36,6
Polen	★2004	36,8	28,0
Slowakei	★2004	5,4	24,1
Slowenien	★2004	2,1	31,5
Tschechien	★2004	10,8	32,0
Ungarn	★2004	9,6	27,3
Zypern	★2004	0,9	32,3
Bulgarien	★2007	6,4	20,7
Rumänien	★2007	19,1	27,1
Kroatien	★2013	3,9	25,7

[1] zum Teil vorläufig oder geschätzt (Stichtag 1.1.) [2] kaufkraftbereinigt

2. *Erläutern Sie den Unterschied zwischen dem nominalen und dem realen Bruttoinlandsprodukt.*

Nominal: ....

....

....

....

....

....

....

....

....

Real: ....

....

....

....

....

....

....

....

....

Name: .... Klasse: .... Datum: ....

S. 301–304

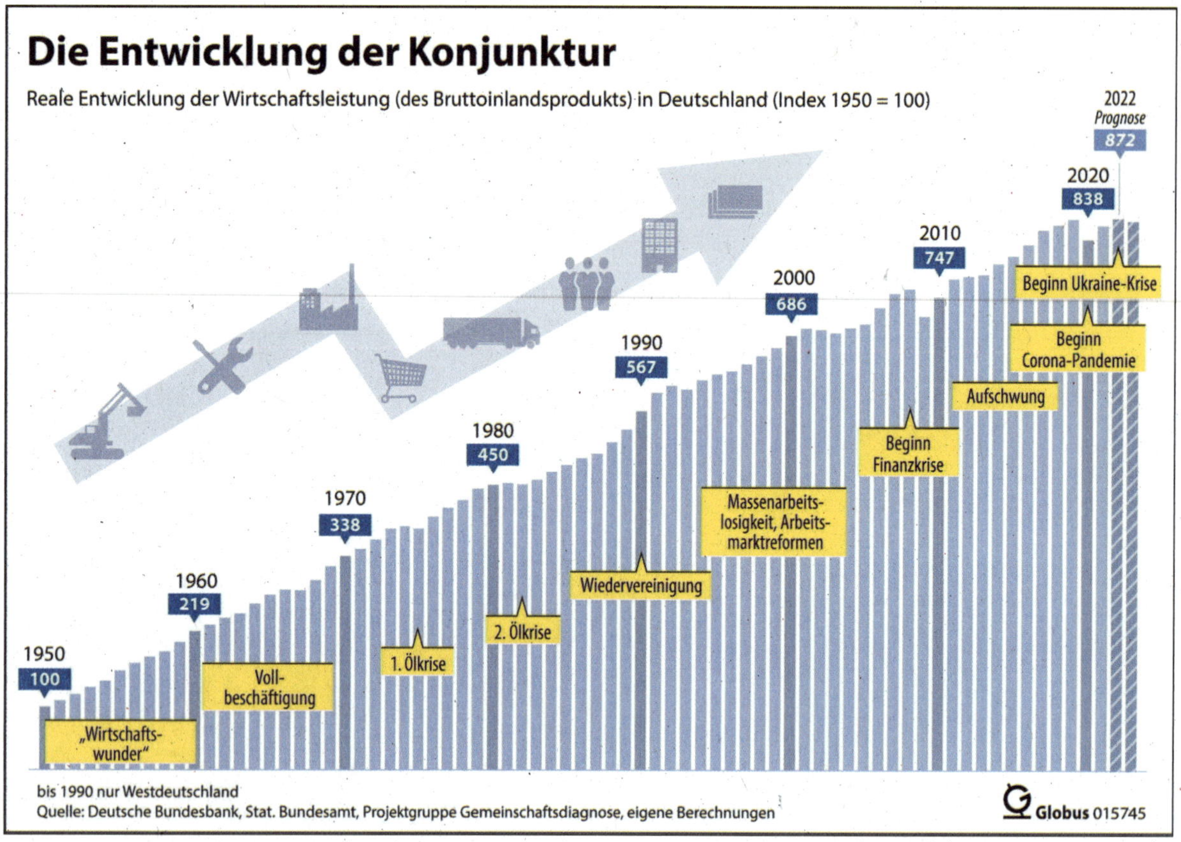

Markante konjunkturelle Ereignisse:

1951 – 1965: Wirtschaftswunderzeit

1967: 1. Tiefpunkt (Depression): Konsumgütermärkte sind zum ersten Mal nach dem 2. Weltkrieg gesättigt, bisherige Wirtschaftsraten gehen zurück

1969: 5. Hochpunkt (Boom): sog. Reisewelle

1975: 2. Tiefpunkt (Depression): erste Ölkrise, sprunghafter Anstieg der Inflation

1982: 3. Tiefpunkt (Depression): zweite Ölkrise

1993: 4. Tiefpunkt (Depression): Zusammenbruch der ostdeutschen Industrie

2003: 5. Tiefpunkt (Depression): Gründe: globale Wirtschaftslage, Terrorangst, Strukturkrise

2008: globale Banken- und Finanzkrise

2020: Beginn Corona-Pandemie

1. *Welche Aussagen lassen sich zu den Veränderungen und der langfristigen Entwicklungen des BIP anhand der Grafiken machen? Gehen Sie dabei auch auf die wesentlichen Ereignisse ein, die für die Entwicklung ursächlich waren.*

Veränderung des BIP in Deutschland: ....

....

....

....

....

Langfristige Entwicklung des BIP in Deutschland: ....

....

....

....

 Name: .... Klasse: .... Datum: ....

1. *Ergänzen Sie den idealtypischen Konjunkturzyklus, indem Sie die Begriffe an der richtigen Stelle einsetzen.*

Boom (Hochkonjunktur) – Abschwung (Entspannung) – Rezession (Depression) – Aufschwung (Erholung) – Tiefpunkt – Hochpunkt – ↑ Löhne und Preise steigen – ↓ Löhne und Preise sinken – Saisonale Schwankungen – Beschäftigungszuwachs – Arbeitslosigkeit

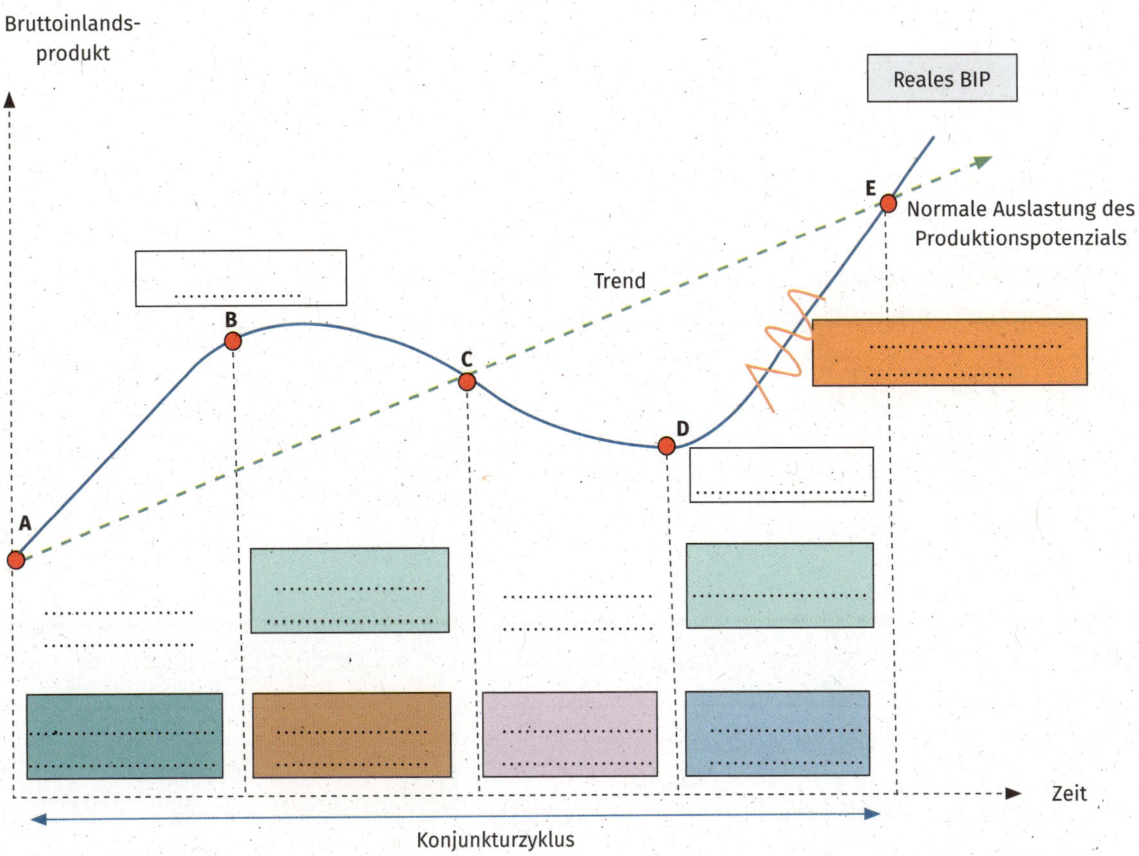

2. *An welcher Stelle des Konjunkturzyklus befindet sich Deutschland aktuell? Begründen Sie.*

....

....

....

....

....

....

....

....

....

....

....

....

1. *Erläutern Sie, weshalb eine Hochkonjunktur in einen Abschwung übergehen kann.*

....
....
....
....
....
....
....
....

2. *Sowohl Hochkonjunktur als auch Depression bringen erhebliche Probleme mit sich. Welche nachteiligen Folgen haben diese Phasen für Unternehmen, Beschäftigte und für den Staat?*

Nachteile für	Hochkonjunktur (Boom)	Krise (Depression)
Unternehmen		
Arbeitnehmer/ -innen Verbraucher/ -innen		
Staat		

3. *Wie könnte sich die Konjunktur in Deutschland in den nächsten Monaten entwickeln? Begründen Sie Ihre Entscheidung.*

....
....
....
....
....
....

 Name: .... Klasse: .... Datum: ....

Prüfungsvorbereitung

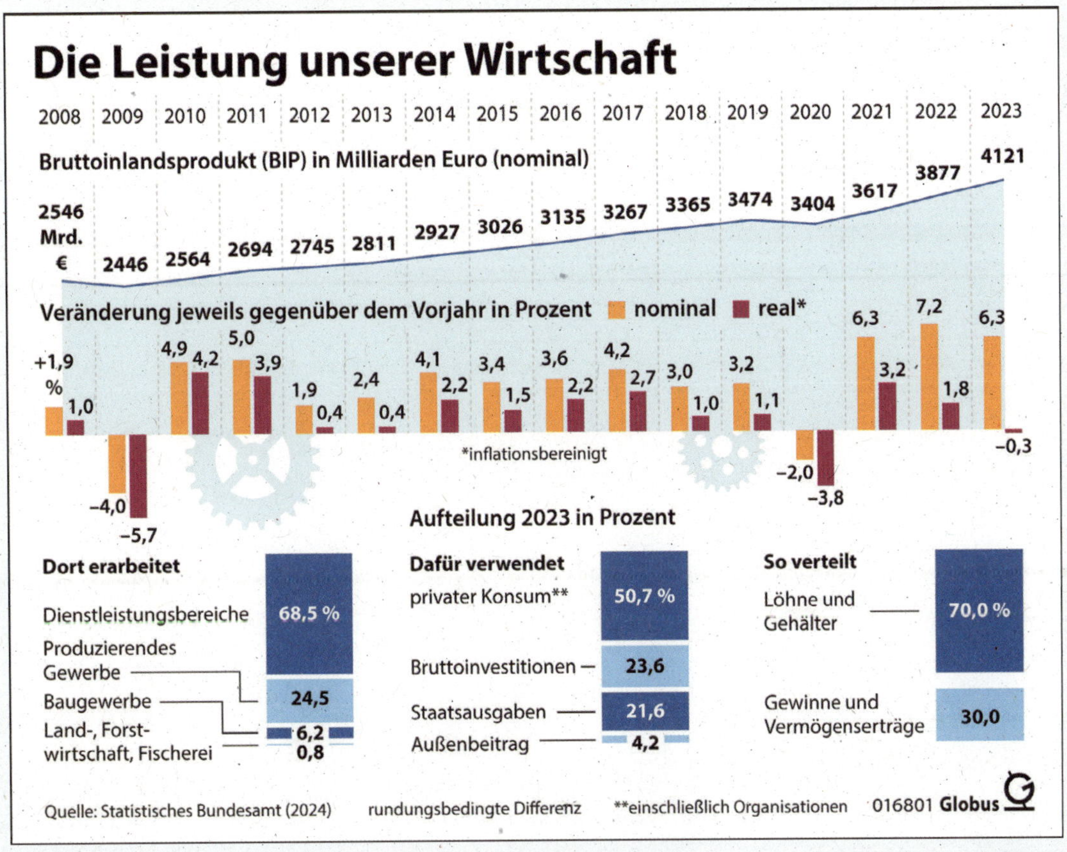

1. Beschreiben Sie die Grafik. Erläutern Sie den Konjunkturverlauf und die Aussagekraft des Bruttoinlandsprodukts.

2. Eine Ursache für den Konjunkturverlauf im Jahr 2009 liegt in der Nachfrageschwäche aus dem Euroraum und dem Rest der Welt.
Erläutern Sie die Auswirkungen für die deutsche Industrie und den Arbeitsmarkt.

3. Im Jahr 2016 haben sich die Einkommen in Deutschland gut entwickelt und die Menschen waren bereit, Geld auszugeben.
Beurteilen Sie diese Aussage hinsichtlich ihrer wirtschaftlichen Auswirkung.

4. Über die Lohnsteuer und die Höhe der Beitragssätze zu den Sozialversicherungen kann der Gesetzgeber (Staat) die Konjunktur beeinflussen.
Stellen Sie mögliche Auswirkungen einer Senkung des Beitragssatzes zur Rentenversicherung dar.

Name: .... Klasse: .... Datum: ....

Prüfungsvorbereitung

1.

2.

3.

4.

 Name: .... Klasse: .... Datum: ....

Prüfungsvorbereitung

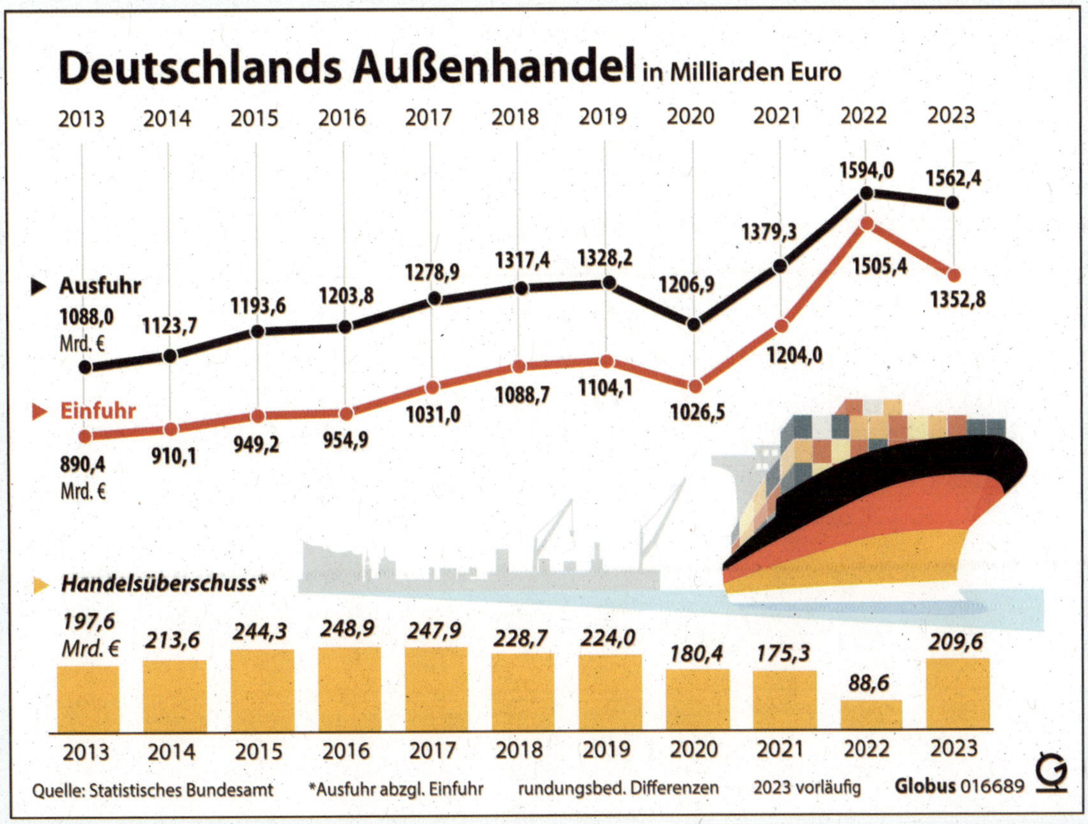

In Deutschland sind die Ein- und Ausfuhren 2023 gegenüber 2022 erstmals seit 2020 rückläufig. Dennoch ist der Handelsüberschuss Deutschlands mit 209,6 Mrd. € immer noch sehr hoch.

1. Welche Konjunkturphase können Sie der beschriebenen Wirtschaftssituation zuordnen?

2. Skizzieren und beschreiben Sie einen Konjunkturzyklus.

3. Welche Maßnahmen kann der Staat (Gesetzgeber) ergreifen, um die Wirtschaft in konjunkturschwachen Zeiten zu unterstützen?

4. Erläutern Sie, wie die Inflationsrate bestimmt wird und was man unter dem Warenkorb versteht.

Name: .... Klasse: .... Datum: ....

Prüfungsvorbereitung

1. ……………………………………………………………………

2. ……………………………………………………………………

3. ……………………………………………………………………

4. ……………………………………………………………………

 Name: ……………… Klasse: ……………… Datum: ………………

Lernsituation 6: Auch wenn Sie sich in Ihrer Ausbildung noch nicht unbedingt vorstellen können, beruflich selbständig zu sein – für einige von Ihnen wird sich diese Frage später einmal stellen. Haben Sie schon heute eine Geschäftsidee? Was müssen Sie alles beachten, damit Ihre Idee zum Erfolg wird? Wo bekommen Sie Hilfe bei der Beantwortung dieser und weiterer grundlegenden Fragen auf dem Weg zum eigenen Unternehmen? Im Schulbuch finden Sie Informationen zur Bewältigung dieser Aufgaben.

Vom Nebenjob in die Selbstständigkeit

Es war richtig, mit einem mobilen Holzbackofen und Omas Rezept „Die Schwäbische Dinnete“ gegen das Bratwurst-, Steak-, Pizza- und Dönerangebot auf Volksfesten anzutreten. Mit dem schmackhaften Imbiss wird das nostalgische Bedürfnis der Festbesucher bedient. Heute bin ich auf allen Festen der Region vertreten. Die Arbeit macht Spaß und ich will wirtschaftlich erfolgreich sein. Bei der Entscheidung zur Selbstständigkeit habe ich mich nicht überschätzt, meine kaufmännischen Kenntnisse waren gut, die Marktanalyse hat die Marktlücke aufgezeigt und meine Ersparnisse haben als Startkapital ausgereicht. Weitere Investitionen sind geplant. Eine Erfolgsgarantie bei der Unternehmensgründung gibt es nicht, aber überlegtes Vorgehen macht das Risiko kalkulierbar.

1. *Welche Geschäftsidee führte im oben stehenden Bericht in die Selbstständigkeit?*

2. *Welche Unternehmensziele werden angestrebt?*

3. *Wie wird die Gründungsperson beschrieben?*

4. *Wie wurde der Weg in die Selbstständigkeit vorbereitet?*

5. *Welche wesentlichen Voraussetzungen sollte die Gründerpersönlichkeit vorweisen können?*

6. *Nennen Sie Charaktereigenschaften, die die Gründerpersönlichkeit aufweisen sollte und beim Start in die Selbstständigkeit von Vorteil sind.*

7. *Welche Einflussgrößen sind bei der Standortwahl zu berücksichtigen? Ergänzen Sie die Übersicht.*

Standortwahl

Verkehrsanbindung:

Behördliche Auflagen:

Arbeitskräfte:

Kundennähe:

Konkurrenz:

Immobilie – Größe und Art:

Name: ………… Klasse: ………… Datum: …………

S. 324

Die Standortwahl ist ein Kompromiss zwischen Kostenminimum und Nutzenoptimum.

1. *Lilli R. sucht als Friseurmeisterin ein geeignetes Ladengeschäft. Es stehen die Standortalternativen I und II zur Verfügung. Ermitteln Sie mithilfe des Bewertungsbogens den optimalen Standort.*

Standortalternative I	Standortalternative II
Das Ladengeschäft befindet sich in einer Kreisstadt mit 28 000 Einwohnern und liegt zentral dem Rathaus gegenüber in unmittelbarer Nähe zu einem Lebensmitteldiscounter. Rund ums Rathaus haben vier alteingesessene Handwerksmeister ihre Geschäfte. Renovierung und der Einbau von Toiletten kosten geschätzt 60.000,00 €; die erforderliche Renovierungszeit liegt bei ca. sechs Wochen. Die Pacht beträgt 1.800,00 € und schließt zwei weitere ausbaufähige Räume ein. Die Nebenkosten betragen ca. 800,00 €. Parkplätze stehen direkt vor dem Laden in ausreichender Anzahl zur Verfügung. Es gibt keine Bauauflagen.	Das Ladengeschäft befindet sich in einem Ort mit 8000 Einwohnern und zwei Friseurgeschäften. Die Entfernung zur Kreisstadt beträgt 19 km. Die Straße wurde vor zwei Jahren zur Fußgängerzone umgestaltet und es haben sich einige Geschäfte neu angesiedelt. Um die Ecke ist ein Fitnessstudio und gegenüber ein kleines Café. Die Miete beträgt 1.050,00 €, Nebenkosten ca. 600,00 €. Eine Erweiterung ist nur begrenzt möglich. Der Renovierungsaufwand ist gering und wird auf 10.000,00 € geschätzt. Ein öffentlicher Parkplatz liegt zehn Minuten entfernt. Werbung ist am Gebäude wegen behördlicher Auflage nur beschränkt möglich.

Standortfaktoren	**Bewertungsbogen** Maximale Punktzahlen P_{max} nach der Wichtigkeit der Standortfaktoren	P_{max}	**Alternative**	
			I	**II**
Kundennähe:	Gibt es ausreichend Kundinnen und Kunden mit entsprechender Kaufkraft?	20	....	....
Konkurrenz:	Anzahl und Attraktivität der Konkurrenz	12	....	....
Kosten:	Höhe der Miete, Neben- und Energiekosten, Kaution, Steuern	18	....	....
	Umbau, Renovierung	8	....	....
Verkehrslage:	Erreichbarkeit für Kundinnen und Kunden und Lieferunternehmen, Anzahl der Parkplätze	12	....	....
Erweiterung:	Gibt es die Möglichkeiten weitere Räume zu nutzen?	10	....	....
Auflagen:	Behördliche Umwelt- und Bauvorschriften	6	....	....
Arbeitskräfte:	Anzahl vorhandener Fachkräfte, Lohnniveau	2	....	....
	Gesamtpunktzahl	88	....	....
Ergebnis:				

2. *Zeigen Sie die Vorzüge der unterschiedlichen Wege in die Selbstständigkeit auf.*

Betriebsneugründung: ....

....

Betriebsübernahme: ....

....

Kooperation: ....

....

....

 Name: .... Klasse: .... Datum: ....

1. *Franchise-Nehmer/-innen sind in der Konkursstatistik seltener zu finden als andere Existenzgründer/-innen. Erläutern Sie, was man unter Franchising versteht.*

....

....

2. *Das Franchising unterscheidet im Wesentlichen drei Franchising-Typen. Erläutern Sie die drei Franchising-Typen.*

Vertriebsfranchising: ....

....

Dienstleistungsfranchising: ....

....

Produktionsfranchising: ....

....

3. *Erläutern Sie die Vorteile für Franchise-Nehmer/-innen.*

....

....

....

4. *Erläutern Sie die Anmeldepflicht für ein neugegründetes Gewerbe.*

Gewerbeamt: ....

Finanzamt: ....

Berufsgenossenschaft: ....

Handwerkskammer: ....

Industrie und Handelskammer: ....

Krankenkasse: ....

Arbeitsagentur: ....

Handelsregister: ....

5. *Meist ist eine umfassende Beratung vor, während und nach der Gründungsphase erforderlich. Ergänzen Sie.*

Einrichten der Buchführung – Finanzierungsfragen – Branchen- und Marktinformationen – Rechtsanwaltskanzleien und Notariate – Kreditinstitute

Die .... beraten vorwiegend in .... und verfügen über .... Um sich unliebsame Überraschungen zu ersparen, sind .... beim Erstellen von Verträgen erforderlich. Steuerberatungsbüros unterstützen Gründerinnen und Gründer beim .... und beraten in Steuerfragen.

S. 331–332

Lernsituation 7: Bevor Sie den Weg in die Selbstständigkeit wagen, müssen Sie sich Ihrer unternehmerischen Ziele klar bewusst werden. Welche Aspekte Sie dabei beachten sollten, erfahren Sie mithilfe Ihres Schulbuchs und der folgenden Aufgaben. Dies wird ebenfalls Einfluss auf Ihre spätere Entscheidung haben, welche Rechtsform Sie für Ihr Unternehmen wählen.

1. *Unternehmerischer Tätigkeit liegt das erwerbswirtschaftliche Prinzip zugrunde. Was versteht man unter dem erwerbswirtschaftlichen Prinzip?*

....

....

2. *Unternehmerische Tätigkeit ist aber auch nach dem ökonomischen Prinzip (Wirtschaftlichkeitsprinzip) auszurichten. Erläutern Sie das ökonomische Prinzip.*

....

....

....

3. *Ergänzen Sie.*

Um .... am Markt bestehen zu können, sind die Interessen der .... und .... zu berücksichtigen. Ein angemessener .... ist Voraussetzung zur Erfüllung der Ziele des Unternehmens.

4. *Erwerbswirtschaftliche Unternehmen verfolgen ein ganzes Zielbündel. Nennen Sie vier wesentliche Unternehmensziele erwerbswirtschaftlicher Unternehmen.*

....

....

....

....

5. *Ergänzen Sie.*

Öffentliche Unternehmen, sogenannte Wirtschaftsbetriebe der ...., sind nach dem .... ausgerichtet. Sie sind im Bereich der .... angesiedelt.

6. *Ordnen Sie den genannten Unternehmungen durch Ankreuzen die entsprechende Unternehmensart und das prägende Unternehmensziel zu.*

Unternehmungen	e U	ö U	G_{max}	Bd
Straßenmeisterei				
Discounter				
Baumaschinenhersteller				
Kreiskrankenhaus				
Taxiunternehmung				
Städtischer Nahverkehrsbetrieb				
Bundeswehrkrankenhaus				
Handwerksbetrieb				
Textilfachgeschäft				

Legende:

e U = erwerbswirtschaftliches Unternehmen

ö U = öffentliches Unternehmen

G_{max} = Gewinnmaximierung

Bd = Bedarfsdeckung

Lernsituation 8: Nachdem Sie sich mit den Zielen Ihres Unternehmens auseinandergesetzt haben, vergleichen Sie die möglichen Rechtsformen und prüfen, welche Rechtsform für Ihr Unternehmen am geeignetsten erscheint. Dabei berücksichtigen Sie Ihre persönlichen Voraussetzungen und die Ziele Ihres zu gründenden Unternehmens. Die Fachinformationen dazu finden Sie auf den angegebenen Seiten im Schulbuch.

1. *Mit der Unternehmensgründung stellt sich die Frage nach der richtigen Rechtsform. Ergänzen Sie.*

Die .... des Unternehmens schafft die finanziellen, steuerlichen und rechtlichen .... des Unternehmens. Die Rechtsformen lassen sich in .... und .... einteilen.

2. *Ergänzen Sie die Übersicht mithilfe der Begriffe bzw. deren Abkürzungen.*

Gesellschaft des bürgerlichen Rechts – Haftungsbeschränkte Unternehmergesellschaft – Aktiengesellschaft – Offene Handelsgesellschaft – Gesellschaft mit beschränkter Haftung – Kommanditgesellschaft

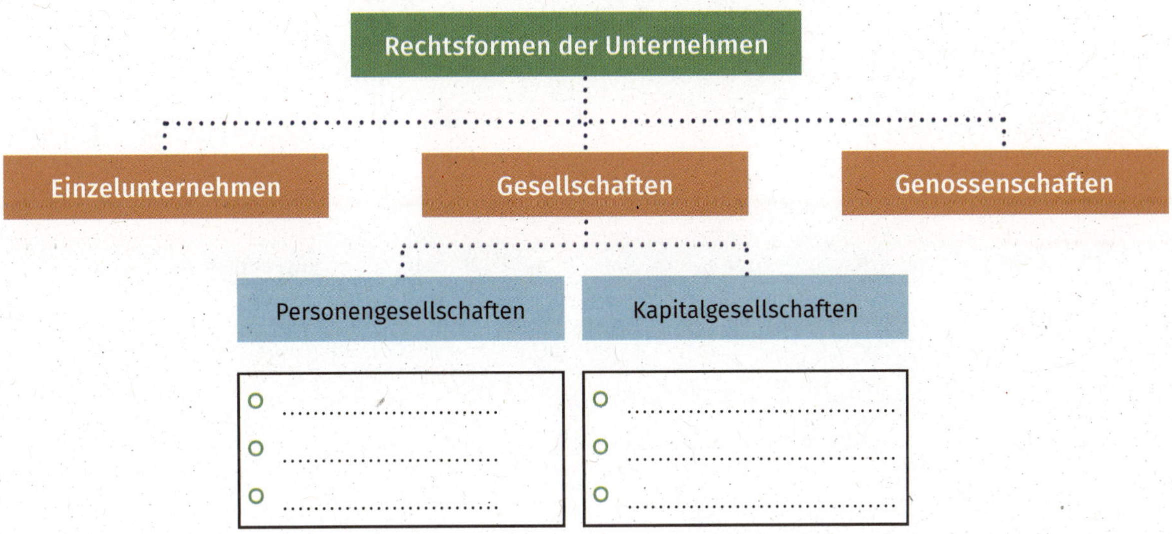

3. *Die Rechtsform des Unternehmens legt fest, in welchem Rahmen Eigentümerinnen und Eigentümer unternehmerische Entscheidungen treffen können. Fügen Sie folgende Begriffe ein:*

Kreditwürdigkeit – Gründungskapital – Haftungsumfang – Gewinn – Schulden – Geschäftsführung – Steuern

Die Rechtsform legt fest,

- wer zur .... berechtigt ist,
- wer das erforderliche .... aufbringt,
- wer für die .... des Unternehmens haftet,
- wie groß die .... ist,
- wie groß der .... der Eigentümerinnen und Eigentümer ist,
- wem der .... zusteht,
- welche .... zu zahlen sind.

4. *Erläutern Sie, was man unter der Vertretungsbefugnis versteht.*

....

....

Name: .... Klasse: .... Datum: ....

S. 334–335

Einzelunternehmen dominieren Handwerk, Landwirtschaft und Handel

Die immer noch beliebteste, einfachste und schnellste Form bei dem Weg in die Selbstständigkeit ist die Gründung eines Einzelunternehmens. Der Wunsch nach Selbstbestimmtheit und Freiheit ist dabei meist größer als zum Beispiel das Risiko der persönlichen Haftung. Marktnischen abdecken, eine innovative Idee in einem Start-up umsetzen – der Traum vieler angehender Jungunternehmerinnen und -unternehmer.

1. *Erläutern Sie die wesentlichen Merkmale der Einzelunternehmung bezüglich Geschäftsführung, Haftung, Kreditwürdigkeit, Gewinn und Firmenname.*

Geschäftsführung und Vertretungsbefugnis: ....

Haftung: ....

Kreditwürdigkeit: ....

Gewinn: ....

Firmenname: ....

....

2. *Nennen Sie stichwortartig die Vor- und Nachteile der Einzelunternehmung.*

Vorteile der Einzelunternehmung	Nachteile der Einzelunternehmung
o	o ....
o	o ....
o	o ....
o	o ....

3. *Welche Gründe könnten Einzelunternehmerinnen und -unternehmer veranlassen, ihre Unternehmen in Personen- bzw. Kapitalgesellschaften umzuwandeln?*

....

....

....

Trotz ihrer hohen Kreditwürdigkeit ist der jeweilige Haftungsumfang der Firmeninhaber bei den Personengesellschaften von großem Nachteil. Haftungsbeschränkung und Kapitalbedarf prägen die Kapitalgesellschaften.

1. *Zeigen Sie in der Übersicht die wesentlichen Grundzüge der GmbH auf.*

Gesellschaft mit beschränkter Haftung (GmbH)

Rechtsfähigkeit	
....	
Gründungsbedingungen	
Stammkapital:	
Anzahl der Gründungspersonen:	
Gesellschaftsvertrag:	
Anteil am Stammkapital:	
Haftung der Gesellschafter/-innen	**Haftung der GmbH**
....	....
Geschäftsführung	**Kontrollgremium**
....	....
....	
Firmenname	
....	
Vorteile	
....	
....	

2. *Begründen Sie die Existenzgründerfreundlichkeit der UG (haftungsbeschränkt).*

....

....

....

Name: .... Klasse: .... Datum: ....

S. 338–345

1. *Um ein Unternehmen zum wirtschaftlichen Erfolg zu führen, reicht Werbung nicht aus. Es ist ein erfolgreiches Marketing erforderlich. Nennen Sie die vier wesentlichen Instrumente des Marketing-Mix.*

....

....

....

....

2. *Erläutern Sie die Ziele des Marketings.*

....

....

....

3. *Beschreiben Sie die Aufgaben der Marktforschung.*

....

....

....

....

4. *Erläutern Sie die Ziele der Werbung.*

....

....

5. *Was versteht man unter einem Werbeplan?*

....

....

....

6. *Begründen Sie, weshalb im Handwerk und Handel Kundendienst und Kundenberatung erfolgsversprechende Marketinginstrumente sind.*

....

....

....

....

7. *Erläutern Sie, warum Ökomarketing und Qualitätssicherung wesentliche Marketinginstrumente sind.*

....

....

....

....

 Name: .... Klasse: .... Datum: ....

Lernsituation 9: Wenn Sie ein Unternehmen gründen, müssen Sie zunächst einmal Geld in Ihr Vorhaben investieren. Dabei werden Sie sich die Frage stellen, wie viel Sie in Ihr Unternehmen investieren müssen. Im Rahmen einer sogenannten Kapitalbedarfsplanung gewinnen Sie einen Überblick zu diesem vielleicht wichtigsten Schritt in die berufliche Selbstständigkeit. Auch dafür gibt Ihnen Ihr Schulbuch Information und hilft Ihnen bei der Beantwortung verschiedener nachfolgender Fragestellungen.

1. *Ob Autokauf, Unternehmensgründung oder der Ausbau eines bestehenden Unternehmens, jede Investition muss finanziert werden. Die Statistik zeigt, dass Finanzierungsfehler die häufigste Ursache für den Weg in die Krise sind. Welche Finanzierungsfehler können die Ursache für auftretende Probleme sein?*

....

....

2. *Der dargestellte Kapitalbedarfsplan zeigt die wesentlichen Posten, die für Umbaumaßnahmen, Büro- und Geschäftsausstattung, Computer, Maschinen, Geräte und Verbrauchsmaterial benötigt werden. Nennen und erläutern Sie im Finanzierungsplan Finanzierungsmöglichkeiten.*

Kapitalbedarf	Finanzierungsplan – mögliche Finanzquellen
✓ Investitionen ✓ Gründungsnebenkosten ✓ Betriebsmittel ✓ Sicherung der privaten Lebenshaltung	o .... o .... o .... o .... o ....
Summe: 250.000,00 €	**Summe: 250.000,00 €**

3. *Erläutern Sie die Notwendigkeit von ausreichendem Eigenkapital bezüglich Sicherheit, Unabhängigkeit und Vertrauen.*

Sicherheit: ....

....

Unabhängigkeit: ....

....

Vertrauen: ....

....

4. *Die Eigenkapitalquote soll 20 % betragen. Erläutern Sie an einem frei gewählten Beispiel, was man unter der Eigenkapitalquote versteht.*

....

....

....

Name: .... Klasse: .... Datum: ....

S. 345–355

Die Überlebenschance einer Unternehmung hängt von einer soliden Finanzierung ab. In der Gründungsplanung ist der erforderliche Kapitalbedarf besonders gründlich zu erfassen. Der Kapitalbedarf für eine Unternehmensgründung ist der Geldbetrag, der zum Zeitpunkt der Betriebsaufnahme zur Verfügung stehen muss. Dazu stehen Gründerinnen und Gründern die eigenen Geldmittel (Eigenkapital) oder Fremdkapital, z. B. Darlehen, Kredite von Banken oder öffentliche Fördermittel, zur Verfügung.

1. *Überlegen Sie, welche Finanzierungsfehler bei einer Unternehmensgründung auftreten können:*

....

....

....

Kredite werden nach ihrer Laufzeit in kurz-, mittel- und langfristiges Fremdkapital unterschieden (≤ 6 Monate, < 5 Jahre, > 5 Jahre).

- Der **Kontokorrentkredit** ist ein kurzfristiger Überziehungskredit für das Geschäftskonto, über das alle laufenden Zahlungen abgewickelt werden.
- Der **Lieferantenkredit** entsteht dadurch, dass Kundinnen und Kunden eingeräumte Zahlungsziele ausnutzen und auf den Skontoabzug verzichten.
- Das **Darlehen** ist ein Kreditvertrag mit vereinbarter Laufzeit, Zinshöhe und Auszahlungssumme mit Rückzahlung in Raten oder Zahlung der Gesamtsumme am Ende.

  Darlehensarten sind:

  - **Fälligkeitsdarlehen**: In regelmäßigen Abständen (monatlich, vierteljährlich, jährlich) werden während der Laufzeit lediglich die Zinsen entrichtet. Die Darlehenssumme muss am vereinbarten Fälligkeitstag zurückgezahlt werden.
  - **Kündigungsdarlehen**: Dabei ist kein Rückzahlungstermin vereinbart, und während der Laufzeit werden nur Zinsen entrichtet. Erst nach einer Kündigung des Gläubigers (Darlehensgeber) oder des Schuldners (Darlehensnehmer) wird die Rückzahlung fällig. Die Kündigung kann jederzeit vom Darlehensgeber oder Darlehensnehmer ganz oder teilweise erfolgen.
  - **Annuitätendarlehen**: Die Rückzahlungsraten aus Zins und Tilgungsanteil nennt man Annuität. Sie ist über die gesamte Laufzeit konstant. Zunächst ist der Zinsanteil hoch und die Tilgung gering. Im Laufe der Zeit dreht sich das Verhältnis um.
  - **Abzahlungsdarlehen**: Hierbei bleibt der Tilgungsanteil unverändert (konstant). Die laufenden Zahlungen sinken, weil die Zinslast wegen der abnehmenden Restschuld geringer wird. Tilgungs- und Zinsanteil ergeben eine variable Annuität.

2. *Erläutern Sie die genannten Fremdkapitalarten.*

Kontokorrentkredit: ....

Darlehen: ....

3. *Kreditinstitute greifen bei der Kreditvergabe auf die Spareinlagen ihrer Kundinnen und Kunden zurück. Dies erfordert ein Höchstmaß an Absicherung. Benennen Sie für die dargestellten Beispiele die jeweilige Kreditabsicherungsart.*

Beispiel	Kreditabsicherung durch
Die Eltern von Petra B. verpflichten sich, notfalls die Darlehensraten zu übernehmen.	....
Um einen Kredit abzusichern, räumt Sabine K. der Bank ein Pfandrecht auf ihre Eigentumswohnung ein.	....
Paul M. kann das Fahrzeug nutzen, aber bis zur vollständigen Tilgung des Kredits liegt der Kfz-Brief bei der Hausbank.	....

 Name: .... Klasse: .... Datum: ....

1. *Viele Firmen nutzen die Vorteile der Finanzierung durch Leasing. Ergänzen Sie die folgenden Begriffe.*

Leasingvertrag – Leasingrate – Kaufoption – Mieten – Gebrauch – Pachten – Leasinggeber – Leasingnehmer

Das Leasing ist vergleichbar mit dem .... oder .... Dem .... wird vom .... gegen eine .... der langfristige .... einer Sache gestattet, die nach der im .... vereinbarten Zeit zurückgegeben werden muss. Manche Leasingverträge räumen eine .... ein.

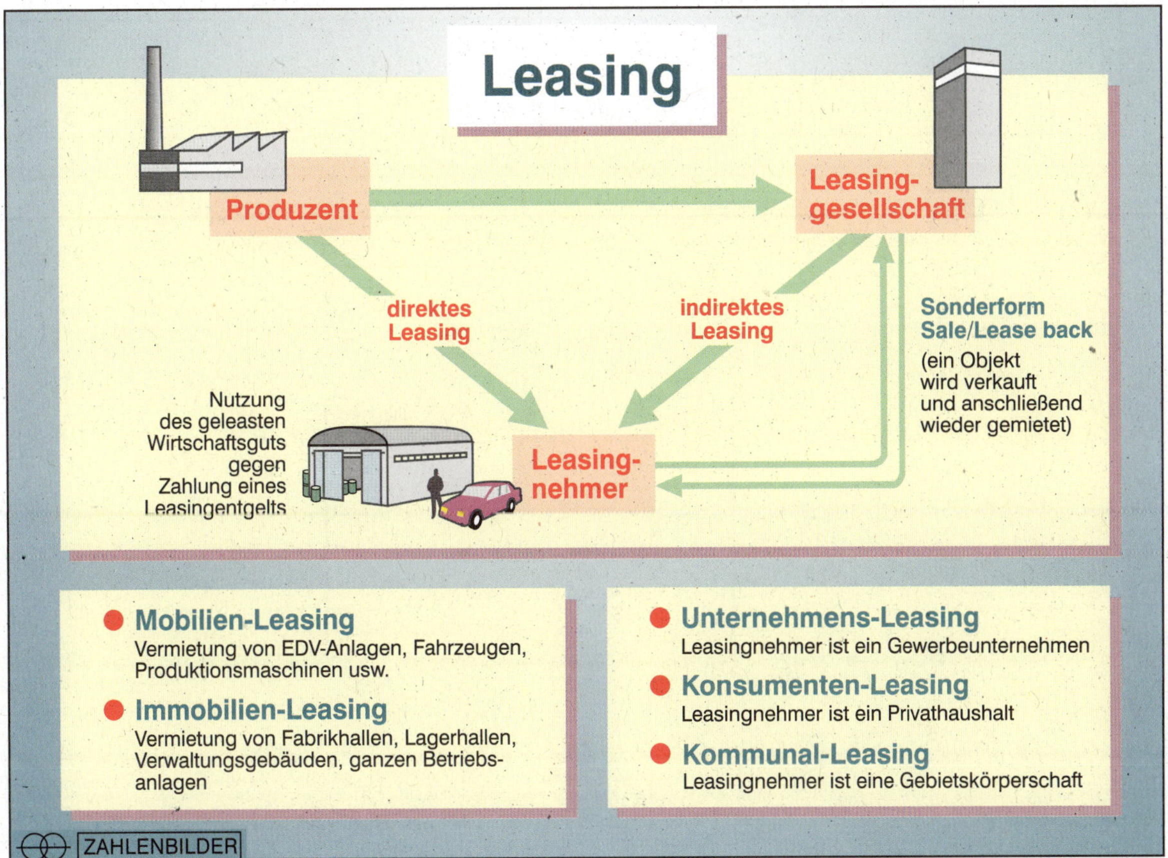

464 010 © Bergmoser + Höller Verlag AG

2. *Erläutern Sie anhand der Grafik die Leasingarten.*

Direktes Leasing: ....

....

Indirektes Leasing: ....

....

....

3. *Überlegen Sie sich die Vorteile bei der Finanzierung durch das Leasing.*

....

....

....

....

Name: .... Klasse: .... Datum: ....

1. *Ordnen Sie den betrieblichen Kosten die Kostenarten „fixe Kosten" oder „variable Kosten" zu. Erläutern Sie diese Kostenarten.*

Betriebliche Kosten	Kostenart	Definition
Miete/Pacht, Zinsen, Steuern, Abschreibungen (Gegenwert für den Wertverlust)		
Materialverbrauch, Fertigungslöhne		

2. *Die Gesamtkosten setzen sich aus den fixen und variablen Kosten zusammen. Tragen Sie die fixen und variablen Kosten sowie die Gesamtkosten in die Diagramme (Koordinatensysteme) ein.*

Fixe Kosten und Mengen

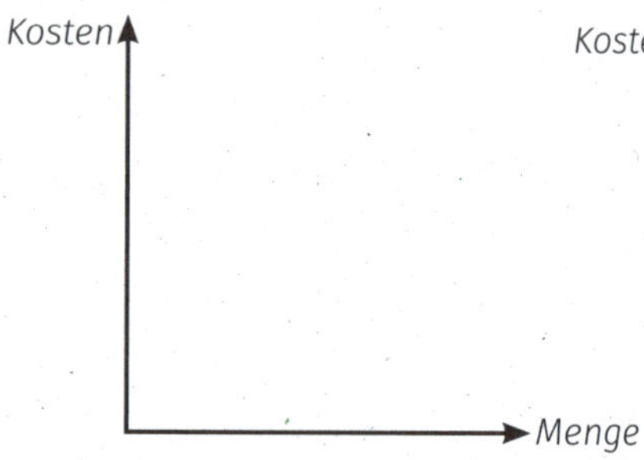

variable Kosten und Mengen

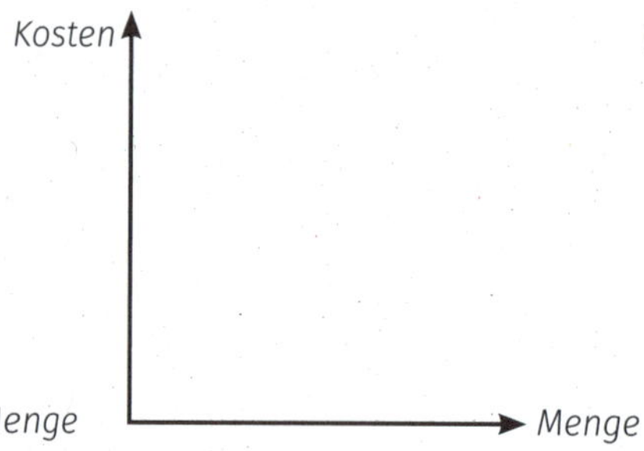

Gesamtkosten und Mengen

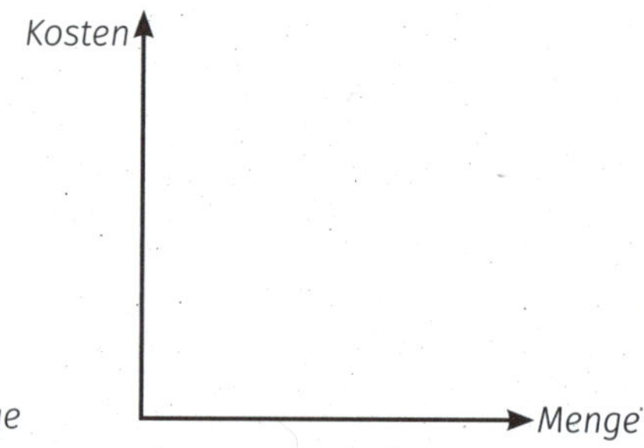

3. *In einem Unternehmen betragen die fixen Kosten monatlich 32.000,00 €. Die variablen Kosten betragen 1,20 € je hergestelltes Stück. Berechnen Sie mithilfe der Tabelle die monatlichen variablen Kosten, die Gesamtkosten und die Stückkosten bei verschiedenen Produktionsmengen.*

Produktions-menge	Fixe Kosten	Variable Kosten	Gesamtkosten	Stückkosten
0	32.000,00	0,00	32.000,00	
1000		1.200,00	33.200,00	33,20
2000				
3000				
4000				
5000				

4. *Formulieren Sie Ihre Erkenntnisse aus der Entwicklung der Stückkosten. Begründen Sie das Gesetz der Massenproduktion.*

Neben der Einteilung der betrieblichen Kosten in fixe und variable Kosten lassen sich die Kosten auch nach ihrer Zurechenbarkeit zur einzelnen betrieblichen Leistung in Einzel- und Gemeinkosten unterteilen.

1. *Für einen Reparaturauftrag sind Ersatzteile für 240,00 € erforderlich. Für den Einbau braucht der Geselle mit Unterstützung des Auszubildenden 2,5 Stunden; Verrechnungssätze: Geselle 25,20 €/Stunde, Auszubildender 10,50 €/Stunde. Für die Ausführung der Reparatur werden die betrieblichen Kleingeräte, Werkzeuge und Anlagen benutzt. Neben seiner Verwaltungstätigkeit nimmt der Meister Aufträge entgegen, berät die Kundinnen und Kunden und verteilt die Arbeitsaufträge auf das Personal. Die Rechnungen werden im Büro geschrieben, Löhne rechnet das Lohnbüro ab.*

Sortieren Sie die Kosten in Einzel- und Gemeinkosten.

Einzelkosten: ....

....

....

Gemeinkosten: ....

....

2. *Mit der Kostenträgerrechnung wird ermittelt, welche Kosten für das einzelne Erzeugnis (Kostenträger) bzw. die einzelne Dienstleistung entstanden sind. Ergänzen Sie die fehlenden Begriffe.*

indirekt – Materialkosten – Gemeinkosten – direkt – Fertigungslohnkosten – Gemeinkostenzuschläge

.... und .... können dem einzelnen Erzeugnis (Kostenträger) .... zugerechnet werden. Die .... wie beispielsweise Miete, Verwaltungskosten, Zinsen können den Erzeugnissen nur .... über .... zugerechnet werden.

3. *Die Selbstkosten bilden die Grundlage bei der Preisfindung. Nennen Sie drei Kalkulationsarten zur Ermittlung der Selbstkosten.*

Divisionskalkulation, ...

4. *Die Divisionskalkulation eignet sich für Betriebe, die ein einheitliches Produkt herstellen. Bei der Herstellung einer Produktionsmenge von 80 000 Stück ergaben sich Herstellkosten in Höhe von 480.000,00 €. Beim Vertrieb der Produktionsmenge von 60 000 Stück entstanden Kosten in Höhe von 120.000,00 €. Ermitteln Sie mithilfe der Divisionskalkulation die Selbstkosten.*

$$\text{Selbstkosten} = \frac{\text{Herstellkosten}}{\text{Produktionsmenge}} + \frac{\text{Vertriebskosten}}{\text{Vertriebsmenge}}$$

Selbstkosten = ... / .... / ....

1. *In einem Handwerksbetrieb betrugen im zurückliegenden Geschäftsjahr die Gemeinkosten 236.250,00 €. Im selben Jahr wurden Löhne in Höhe von 175.000,00 € ausgezahlt. Welchen Gemeinkostenzuschlag in % muss der Handwerksbetrieb im Folgejahr bei der Selbstkostenkalkulation berechnen?*

Gemeinkostenzuschlag = $\frac{\text{Gemeinkosten * 100 \%}}{\text{Lohnkosten}}$ = $\frac{\text{..............}}{\text{..............}}$ = ...: ....

2. *Ein Malermeister kalkuliert für ein Auftragsangebot mit Materialkosten von 420,00 €, 12 Meisterstunden je 34,00 €, 22 Gesellenstunden je 20,50 € und 8 Stunden für den Auszubildenden mit 9,50 €. Für Gemeinkosten hat er einen Zuschlag von 135 % ermittelt. Ermitteln Sie mithilfe der einfachen Zuschlagskalkulation die Selbstkosten für den Auftrag.*

Materialkosten		....
Meister	....	....
Geselle	....	....
Azubi	....	....
+ Lohnkosten		....
+ Gemeinkosten		....
Selbstkosten		....

3. *Die Geräte GmbH stellt Küchenwaagen her. Für die Kalkulation wurden mithilfe des Betriebsabrechnungsbogens (BAB) die Gemeinkosten in den vier Hauptkostenstellen ermittelt. Für die Marktpreisfindung sollen die Selbstkosten mit der erweiterten Zuschlagskalkulation ermittelt werden. Materialverbrauch pro Waage 14,00 €, Fertigungslöhne 8,00 €/Waage; Gemeinkostenzuschläge: Material 12 %, Fertigung 145 %, Verwaltung 6 % und Vertrieb 4 %.*

Kalkulationsschema der erweiterten Zuschlagskalkulation		
Fertigungsmaterial		....
+ Materialgemeinkosten	....	....
= Materialkosten		....
Fertigungslöhne		....
+ Fertigungsgemeinkosten	....	....
+ Fertigungskosten		....
Herstellkosten = Materialkosten + Fertigungskosten		....
+ Verwaltungsgemeinkosten .... % v. Herstellkosten		....
+ Vertriebsgemeinkosten .... % v. Herstellkosten		....
= Selbstkostenkalkulation für eine Küchenwaage		....

Name: .... Klasse: .... Datum: ....

S. 352–355

1. *Der Vertrieb der Küchenwaage erfolgt über den Außendienst. Die Mitarbeiterinnen und Mitarbeiter erhalten eine Vertreterprovision von 5 %. Wie hoch ist der zu erzielende Verkaufspreis, wenn der Barverkaufspreis (Selbstkosten + Gewinnaufschlag) aufgerundet 46,60 € beträgt? Berechnen Sie die Vertreterprovision in Euro.*

Verkaufspreis = Barverkaufspreis / (100 % - 5 %) = 46,60 € / .... = ...

Vertreterprovision = ...

2. *Berechnen Sie den Zielverkaufspreis für ein Paar Schuhe, wenn folgende Kalkulationsdaten zugrunde gelegt werden:*

Materialverbrauch 24,50 €, Fertigungslöhne 32,20 €, Materialgemeinkostenzuschlag 12 %, Fertigungsgemeinkostenzuschlag 220 %, Verwaltungs- und Gemeinkostenzuschlag 14 %, Gewinnaufschlag 15 %, Vertreterprovision 7 %.

Materialverbrauch		24,50 €
....	....	....
....		....
....		....
....	....	....
....		....
....		....
....	....	....
....		....
....	....	....
....		....
....	....	....
= Zielverkaufspreis		....

3. *Die Mehrwertsteuer beträgt derzeit 19 %. Berechnen Sie den Bruttoverkaufspreis für ein Paar Schuhe aus der obigen Preiskalkulation.*

Bruttoverkaufspreis = ...

4. *Erläutern Sie den wesentlichen Unterschied zwischen der einfachen und erweiterten Zuschlagskalkulation.*

....

....

....

....

....

Name: .... Klasse: .... Datum: ....

Prüfungsvorbereitung

Nach Abschluss der Weiterbildungsmaßnahme zum/zur Meister/-in bzw. staatlich anerkannten Techniker/-in wollen sich Alex S., Philipp W. und Sandra L. mit einem Metall verarbeitenden Betrieb selbstständig machen. Das Grundstück mit der erforderlichen Produktionshalle könnte Sandra L. einbringen. Alex S. und Philipp W. verfügen über ein ausreichendes Fachwissen im Programmieren von Werkzeugmaschinen.

1. Bei der Wahl der Rechtsform des neu zu gründenden Unternehmens denken Sandra, Alex und Philipp zuerst an eine Gesellschaft des bürgerlichen Rechts (GbR).
   Beschreiben Sie je drei Vor- und Nachteile dieser Rechtsform.

2. In einer weiteren Planungsphase entscheiden sich die drei für eine Rechtsform, bei der die Haftung auf das eingebrachte Eigenkapital des Gründungs-Trios beschränkt wird.
   Welche Rechtsform ist hierfür geeignet? Begründen Sie Ihre Entscheidung.

3. Alex S. will gelegentlich beratend mitarbeiten, Phillip W. kann wegen seiner langen Kündigungsfrist nicht sofort einsteigen und Sandra L., mit ihrer kaufmännischen Erstausbildung, ist zur vollen Mitarbeit bereit.
   Begründen Sie, wer die Geschäftsführung im neu zu gründenden Unternehmen übernehmen soll.

4. Erläutern Sie die erforderlichen Gründungsformalitäten der Rechtsform „GmbH“.

5. Beschreiben Sie die Aufgaben der zwei wesentlichen Organe der zu gründenden GmbH.

6. Für die Unternehmensgründung sind die wirtschaftlichen Rahmenbedingungen von besonderer Bedeutung.
   Erläutern Sie in den wesentlichen Punkten die Konjunkturphasen des Auf- und Abschwungs.

Prüfungsvorbereitung

1. ....

2. ....

3. ....

4. ....

5. ....

6. ....

Name: .... Klasse: .... Datum: ....

Prüfungsvorbereitung

Das mittelständische Unternehmen „Oliver Kerner e. K." ist ein erfolgreiches und kontinuierlich wachsendes Unternehmen in der Maschinenbaubranche. Es beschäftigt zurzeit 60 Mitarbeiterinnen und Mitarbeiter und ist Mitglied im Arbeitergeberverband.

1. Geben Sie die vollständige Bezeichnung für die Abkürzung des oben genannten Unternehmens an.

2. Erläutern Sie die Bedeutung des Rechtsformzusatzes „e. K." und die Rechtsform des Unternehmens.

3. Zeigen Sie je drei Vor- und Nachteile dieser Rechtsform auf.

4. Erläutern Sie drei Gründe, die Oliver Kerner dazu veranlassen könnten, sein Unternehmen in eine GmbH umzuwandeln.

5. Beschreiben Sie die Organe der neu zu gründenden GmbH.

6. Für eine notwendige größere Investition in den Maschinenpark und eine angedachte Standorterweiterung benötigt das Unternehmen Kapital.
   Erläutern Sie zwei Möglichkeiten, um an das benötigte Kapital zu kommen.

7. Der Geschäftsführer Oliver Kerner möchte den Bekanntheitsgrad des Unternehmens verbessern. Erläutern Sie drei geeignete Möglichkeiten?

Prüfungsvorbereitung

1. ....

2. ....

3. ....

4. ....

5. ....

6. ....

7. ....

Name: .... Klasse: .... Datum: ....

Bildquellenverzeichnis

Alamy Stock Photo (RMB), Abingdon/Oxfordshire: Pictorial Press Ltd 15.1.

Baaske Cartoons, Müllheim: 16.1; Mester, Gerhard 21.1.

fotolia.com, New York: BerlinStock 13.8; Bits and Splits 12.1, 12.2, 13.1, 13.2, 13.5, 13.6, 16.2, 16.3, 33.1, 38.1; industrieblick 14.4; Jackal, Sandor 13.4; Kisa_Markiza 11.1; Visual Concepts 13.3.

iStockphoto.com, Calgary: ArtMarie 4.1.

Picture-Alliance GmbH, Frankfurt a. M.: dpa 14.3; dpa-infografik 21.2, 24.1, 25.1, 26.1, 29.1, 31.1; dpa/Gerhard Heisler 4.3, 19.1; dpa/Gerten, Martin 14.2; dpa/Rumpenhorst, Frank 14.1; Fellens, Romain 14.5.

Shutterstock.com, New York: archerix Titel; igorlale 9.3, 9.4, 9.6, 9.7, 9.10, 9.11, 9.12; wrangler Titel.

stock.adobe.com, Dublin: Animaflora PicsStock 5.1; Calado 4.4; Coloures-Pic 5.4; CPN Titel; Engel, Jan 13.7; fotogestoeber 5.2; Ihlenfeld, Wilm 4.2; Nuttapong punna 6.1; oxinoxi 9.2, 9.5; StarGraphic 9.8, 9.9; Trueffelpix 5.3.

YPS - York Publishing Solutions Pvt. Ltd.: 9.1.

Zahlenbilder, Bergmoser + Höller Verlag AG, Aachen: 43.1.